말 **잘**하고 **글 잘** 쓰게 돕는

읽는 우리말 **사전**

2

군더더기 **한자말** 떼어내기

말 잘하고 글 잘 쓰게 돕는 읽는 우리말 사전 2

군더더기 한자말 떼어내기

펴낸날 2017년 11월 20일
지은이 최종규
기획 숲노래

펴낸이 조영권
만든이 노인향
꾸민이 토가 김선태

펴낸곳 자연과생태
주소 서울 마포구 신수로 25-32, 101(구수동)
전화 02) 701-7345~6 **팩스** 02) 701-7347
홈페이지 www.econature.co.kr
전자우편 econature@naver.com
등록 제2007-000217호

ISBN : 978-89-97429-85-1 04700
         978-89-97429-79-0 04700 (세트)

말 잘하고 글 잘 읽는 우리말 사전

2

쓰게 돕는 읽는 우리말 사전

군더더기 한자말 떼어내기

숲노래 기획 · 최종규 지음

자연과생태

'(묶음표)'로 덧붙인 한자말 떼어내기

말을 할 적에는 한자말이 어떤 한자인가를 밝히면서 말하지 않기 마련입니다. 이와 달리 글을 쓸 적에는 한자말에 묶음표를 치고 한자를 넣는 분이 있습니다. 한자로 된 낱말이기에 한자를 꼬박꼬박 밝히거나 묶음표를 쳐서 한자를 그때그때 넣어야 할까요?

학교는 그저 '학교'입니다. '學校'라고 하지 않아도 됩니다. 자동차는 그저 '자동차'입니다. '自動車'를 밝혀 주지 않아도 됩니다. 전화기를 '전화기' 아닌 '電話機'로 적는들 알아보기에 좋지 않습니다.

우리가 쓰는 말 가운데 한자말은 얼마나 될까요? 우리는 한자말을 모르면 말을 못 할까요?

사전에 한자말이 퍽 많다고 합니다. 그러나 한국말사전은 슬프고 아픈 발자국이 있어요. 일본말사전을 베껴서 한국말사전을 서둘러 엮은 탓에 한국에서 안 쓰는 일본 한자말을 비롯해서 우리가 한 번도 들을 일이 없고 쓸 일조차 없는 어마어마하게 많은 한자말이 한국말사전에 터무니없게 실리고 말았습니다.

어린이문학이나 어린이책에서 묶음표를 쳐서 한자를 밝히는 일은 거의 없거나 아예 없습니다. 청소년책을 비롯해서 어른이 보는 인문학, 문학,

학술 책에서 '묶음표 한자말'이 불거집니다. 사람들은 왜 묶음표를 치고 한자를 넣을까요? '묶음표 한자말'을 써야 글뜻이 또렷할까요?

한글로 적어도 알아보기 어려운 낱말은 한자가 무엇인가를 밝혀 주어도 알기 어렵습니다. 그러면 어떻게 해야 할까요? 어린이도 어른도 모두 알기 쉽도록 한국말을 새롭게 짓거나 가꾸도록 마음을 기울일 노릇입니다. 사전을 뒤적여 한자말이 어떤 한자인가를 살펴서 묶음표에 붙이는 글버릇은 이제 멈추고, 쉽게 알아들을 수 있을 뿐 아니라, 우리가 쓰는 한국말을 알차며 곱게 가꿀 수 있도록 새롭고 쉬우며 고운 말결을 헤아릴 수 있으면 좋겠습니다.

'묶음표 한자말'은 군더더기 글버릇이라고 느낍니다. 이 군더더기를 찬찬히 걷어내면서 겉치레도 벗어던질 수 있으면 좋겠습니다. 산뜻하면서 홀가분하고 싱그러운 한국말을 새롭게 찾아나설 수 있으면 좋겠습니다.

'읽는 우리말 사전' 첫째 권에 이어 둘째 권에서도 이웃님이 단출하게 읽고 생각을 북돋우시기를 바라는 마음을 띄우려고 합니다. 제가 손질해 본 보기글은 제 나름대로 힘을 기울인 말씨입니다. 이 책을 읽어 주시는 이웃님들도 나름대로 새롭게 말씨를 가꾸거나 북돋아 보시면 좋겠습니다. 저마다 다르면서 저마다 아름답게 말을 살리고 글을 살려서 '말 잘하고 글 잘 쓰는' 멋진 글님으로 거듭나기를 비는 마음입니다.

사전 짓는 책숲집, 숲노래에서

2017년 11월 **최종규** 적음

멋스럽게 말하고 글쓰기란?

남들이 잘 안 쓰는 어려운 말을 일부러 찾아 쓴다든지 한자말이나 영어를 섞어 쓰면, 무언가 그럴듯하거나 많이 아는 듯 보인다고 여기는 분들이 제법 있습니다.

그보다는 어른 아이 모두 잘 알아들을 만큼 뜻이 뚜렷하고 쉬운 낱말로 이야기하면 더 멋지지 않을까요?

군더더기 없이 산뜻하게 말하고 글 쓰는 데 이 책이 도움 되기를 바랍니다.

ㄱ 책을 읽다가 마주한 '묶음표 한자말'에서 '묶음표'를 떼어내면
서 한결 쉽게 말하고 글 쓰는 얼거리를 살펴봅니다. 한자말 뜻
풀이는 국립국어원 『표준국어대사전』에서 옮겼으며, 이를 바
탕으로 왜 묶음표 한자말을 썼는지 생각해 봅니다.

ㄴ 묶음표로 덧붙인 한자말을 떼어낸 뒤에는 어떻게 손실하거나
새롭게 살려서 쓸 수 있는가를 짚습니다. 글뜻을 그대로 살리
면서 보기글을 통째로 다듬어 보려고 했습니다.

ㄷ 보기글은 모두 책에서 뽑았습니다. 보기글을 어떤 책에서 뽑
았는지는 책끝에 밝힙니다.

차례

가심(歌心)

- **가심(歌心):** 1. 시가의 내용에 들어 있는 뜻 2. 시가를 읊고 싶어 하거나 이해하는 마음
- **시가(詩歌):** 1. 시문학 2. 시노래

'가심'이란 무엇일까요? 첫째로는 시를 짓고 싶은 마음일 테고, 둘째로는 노래를 부르고 싶은 마음일 테지요. 또는 둘 모두일 수 있는데, 예부터 시와 노래는 하나예요. 시를 짓는 마음이란 노래를 짓는 마음이요, 노래를 부르는 마음이란 시를 읊는 마음입니다. 일본책에 있는 그대로 옮긴 듯한데, 일본이건 한국이건 시나 노래를 즐길 적에는 한결같이 '노래마음'이요 '시마음'이고 '노래넋'이자 '시넋'이면서 '노래얼'이자 '시얼'이에요.

- 벚나무는 확실히 일본인의 **가심(歌心)**을 강렬하게 자극한다
- → 벚나무는 그야말로 일본사람이 **노래를** 부르고 싶도록 이끈다
- → 벚나무는 그야말로 일본사람이 **시를 짓고 싶도록** 이끈다
- → 벚나무는 틀림없이 일본사람 **노래넋**을 세차게 흔든다
- → 벚나무는 참말로 일본사람한테 **노래얼**을 크게 흔든다

가장(家長)

- **가장(家長):** 1. 한 가정을 이끌어 나가는 사람 2. '남편'을 달리 이르는 말

집안을 이끄는 사람을 한자말로 '가장'이라 하니 "한 집안의 가장(家長)"이라 하면 겹말입니다. 보기글은 한자를 덧달기까지 하는데, '한 집안을 이끄는 사람'이라고 수수하게 적으면 됩니다. 또는 '한 집안 기둥'이나 '한 집안 주춧돌'이라 해볼 수 있습니다.

- 천 번이고 무릎 꿇고 밥을 구하는 것이 이 땅 노동자다. 한 집안의 **가장(家長)**이다

→ 천 번이고 무릎 꿇고 밥을 얻는 이가 이 땅 노동자다. 한 집안 **기둥**이다

→ 천 번이고 무릎 꿇고 밥을 얻는 이 땅 노동자다. 한 집안을 **이끄는 사람**이다

가형(家兄)

- **가형(家兄):** = 사백(舍伯)
- **사백(舍伯):** 남에게 자기의 맏형을 겸손하게 이르는 말 ≒ 가백(家伯)·가형(家兄)·사형(舍兄)

'가형'은 '사백'을 가리키며 '사백'은 '맏형'을 겸손하게 이르는 말이라고 풀이합니다. 이 말풀이를 따르자면 '맏형'이라는 낱말은 안 겸손하다는 소리가 될 텐데, 이는 올바르지 않습니다. 한자말로 바꾸어 써야 겸손할 까닭이 없습니다. 맏형이면 '맏형'이요, 큰형이면 '큰형'입니다. 한집안에서는 '-님'을 안 붙입니다만, 정 맏형이나 큰형을 높이고 싶다면 '맏형님·큰형님'이라 할 수 있습니다.

- 바닷가로 이사 가신 **가형(家兄)**을 찾아 한계령 고개를 버스로 넘는다
- → 바닷가로 옮기신 **큰형**을 찾아 한계령 고개를 버스로 넘는다
- → 바닷가로 가신 **맏형**을 찾아 한계령 고개를 버스로 넘는다

갈급(渴急)

- **갈급(渴急):** 부족하여 몹시 바람

모자라서 몹시 바란다고 한다면 '몹시 바란다'고 하면 되는데, 다르게는 '목마르다'로 나타낼 만합니다. 뜻을 살펴서 '애타다', '애틋하다', '가슴 졸이다'로 나타낼 수도 있습니다.

- 갈급(渴急)하게 바라보아야 할 대상을 찾고 있거나
- → **목마르게** 바라보아야 할 무언가를 찾거나
- → **애타게** 바라보아야 할 무언가를 찾거나
- → **애틋하게** 바라보아야 할 누구를 찾거나
- → **가슴 졸이며** 바라보아야 할 무엇을 찾거나

감우(甘雨)

- **감우(甘雨):** 때를 잘 맞추어 알맞게 내리는 비
- **단비:** 꼭 필요한 때 알맞게 내리는 비

때를 맞추어 알맞게 내리는 비라면 '단비'입니다. 단비는 반갑고, 고맙고, 달콤합니다. 그래서 '반가운 비'나 '고마운 비', '달콤한 비'라고도 합니다. '꿀비', '즐거운 비', '좋은 비'라 해도 잘 어울립니다. '알맞게 내리는 비'라든지 '제때에 내리는 비', '목마를 때 내리는 비', '가뭄을 씻는 비'처럼 적을 수 있고, '목마름을 씻는 비'나 '타는 목을 씻는 비', '가문 땅을 적시는 비'라 해도 됩니다.

- ● 문자 그대로 **감우(甘雨)**로구나 싶었다. 들과 풀과 나무와 내와 배꽃, 복숭아꽃이 달디달게 목을 축이고 무럭무럭 자라는 게 보이는 듯했다

- → 말 그대로 **단비**로구나 싶었다. 들과 풀과 나무와 내와 배꽃, 복숭아꽃이 달디달게 목을 축이고 무럭무럭 자라는 모습이 보이는 듯했다

- → 말 그대로 **반가운 비**로구나 싶었다. 들과 풀과 나무와 내와 배꽃, 복숭아꽃이 달디달게 목을 축이고 무럭무럭 자라는 모습이 보이는 듯했다

- → 말 그대로 **꿀비**로구나 싶었다. 들과 풀과 나무와 내와 배꽃, 복숭아꽃이 달디달게 목을 축이고 무럭무럭 자라는 모습이 보이는 듯했다

거년(去年)

· **거년(去年):** = 지난해

사전에서 '거년'을 찾아보면 "= 지난해"로 풀이합니다. '지난
해'로 고쳐쓸 낱말이라는 뜻입니다. 보기글에서는 한글로 '거
년'이라고만 적으면 못 알아볼까 싶어 한자를 붙인 듯합니
다. 그러나 굳이 이렇게 하지 않고 '지난해'나 '지난'이라는 낱
말을 넣으면 아주 쉽고 또렷합니다.

● 이르게 대자리를 꺼내 **거년(去年)** 봄에 누웠던 자리에 다시 몸을 뉜다

→ 이르게 대자리를 꺼내 **지난해** 봄에 누웠던 자리에 다시 몸을 뉜다

→ 이르게 대자리를 꺼내 **지난**봄에 누웠던 자리에 다시 몸을 뉜다

거묘(巨猫)

- **거묘**: ×

고양이가 크다면 '큰 고양이'라 하면 됩니다. 고양이를 놓고서 '큰고양이 · 작은고양이'처럼 쓸 수 있고, 이 얼거리를 살려서 '큰냥이 · 큰냥'이나 '작은나비 · 작은괭이'처럼 쓸 수 있습니다. '큼직하다 · 우람하다'라는 낱말을 써서 '큼직냥 · 우람냥'이라 해도 잘 어울립니다.

- ● 저와 함께 사는 **거묘(巨猫)** 이응 옹을 소개합니다
- → 저와 함께 사는 **큰고양이** 이응 할매(할멈)를 소개합니다
- → 저와 함께 사는 **큼직냥** 이응 할배(할아범)입니다
- → 저와 함께 사는 **우람냥** 이응 할배(할아범)입니다

경구(驚句)

- **경구(驚句):** = 경인구
- **경인구(驚人句):** 사람을 놀라게 할 만큼 잘 지은 시구(詩句)
- **경구(警句):** 진리나 삶에 대한 느낌이나 사상을 간결하고 날카롭게 표현한 말

간디가 시를 썼다면 '간디가 남긴 훌륭한 시'로 손질할 만합니다. 보기글에서는 '간디가 잘 쓴 시'보다는 '간디가 올바르거나 알맞거나 훌륭하게 한 말'을 뜻하지 싶습니다. 그러면 이때에는 '驚句'가 아닌 '警句'라 써야 올바를 테고, '간디가 남긴 훌륭한 말'로 손질할 만합니다. '간디가 남긴 시'나 '간디가 들려준 말'처럼 수수하게 써도 됩니다. 더 생각해 보면 '간디가 가르친 말'이나 '간디가 일깨운 말', '간디가 외친 말'이라 해도 되고, '간디가 남긴 빛말', '간디가 들려준 삶말', '간디가 베푼 배움말'처럼 새로운 낱말을 지을 수 있습니다.

- 모국어가 사라진 나라가 무엇으로 독립을 주장할 것이며, 무엇으로 독자적인 문화를 꾸려 나갈 것인가? 간디의 **경구(驚句)**가 새삼스럽다
- → 겨레말이 사라진 나라가 무엇으로 독립을 외치며, 무엇으로 제 문화를 스스로 꾸려 나갈까? 간디가 **일깨운 말**이 새삼스럽다

경염(競艶)

- **경염(競艶):** 서로 아름다움을 겨룸

'경염'이라는 한자말을 알아볼 사람이 얼마나 될까요? 한자를 붙인들 그다지 도움이 되지 않습니다. 여러 꽃이 한창 피어나면서 아름답다면 '꽃잔치'라고 해 볼 만합니다. 꾸밈없이 '한창 눈부셨다'나 '한창 아름다웠다'도, '흐드러졌다'나 '꽃잔치가 흐드러졌다'도 좋습니다. '누가 더 고운가 겨루었다'라든지 '누가 더 아름다운지 다투었다'처럼 써도 재미있습니다.

- 나팔꽃이며 봉숭아며 심지어는 패랭이꽃까지 **경염(競艶)**이 한창이었다
- → 나팔꽃이며 봉숭아며 더구나 패랭이꽃까지 **꽃잔치**가 한창이었다
- → 나팔꽃이며 봉숭아며 게다가 패랭이꽃까지 **꽃내음**이 한창이었다
- → 나팔꽃이며 봉숭아며 더군다나 패랭이꽃까지 **한창** 눈부셨다

경제(經濟)

- **경제(經濟):** 1. [경제] 인간의 생활에 필요한 재화나 용역을 생산·분배·소비하는 모든 활동. 또는 그것을 통하여 이루어지는 사회적 관계 2. [경제] = 경제학 3. 돈이나 시간, 노력을 적게 들임
- **살림:** 1. 한집안을 이루어 살아가는 일 2. 살아가는 형편이나 징도 3. 집 안에서 주로 쓰는 세간 4. 국가나 집단의 재산을 관리하고 경영하는 일

보기글처럼 굳이 '經濟'를 덧달지 않아도 됩니다. 한자 없이 '경제'라고만 적어도 알아볼 수 있습니다. 한자를 밝혀야 학문이 되지 않습니다. '살림'이라는 낱말이 있으니, '살림·나라살림'을 알맞게 쓸 수 있습니다.

- 바람은 발전하는 **경제(經濟)**처럼 불었으리라
→ 바람은 발돋움하는 **경제**처럼 불었으리라
→ 바람은 발돋움하는 **살림**처럼 불었으리라
→ 바람은 발돋움하는 **나라살림**처럼 불었으리라

고(告)

- **고하다(告-)**: 1. 어떤 사실을 알리거나 말하다 2. 중요한 일을 공식적으로 발표하여 알리다 3. 주로 웃어른이나 신령에게 어떤 사실을 알리다

외마디 한자말 '고하다'는 '알리다'나 '말하다'를 뜻합니다. "작별을 고하다"나 "종말을 고하다", "학생들에게 고함"처럼 쓰는 분이 많은데, '작별을 말하다'나 '종말을 알리다'나 '학생들에게 밝힘'으로 쓰면 좋지 않을까요? 때로는 '외치다·털어놓다·이야기하다'로 손질할 때에 어울리는 자리도 있습니다. 이렇게 말뜻대로 쓰면 '고(告)했다' 같은 말씨는 쓸 일이 없습니다.

- 나는 그들을 향해 느긋이 "나는 지금 그곳에서 왔노라"고 **고(告)**했다
- → 나는 그들한테 느긋이 "나는 이제 그곳에서 왔노라" 하고 **말했다**
- → 나는 그들을 보며 느긋이 "나는 이제 그곳에서 왔노라" 하고 **외쳤다**
- → 나는 그들을 보며 느긋이 "나는 이제 그곳에서 왔노라" 하고 **밝혔다**

고공(高空)

- **고공(高空):** 높은 공중. 흔히 높이 1,500~2,000미터 위의 하늘을 이른다

사전에서 말뜻을 살펴보며 생각합니다. 높은 하늘을 뜻하는 '고공'이라면 '고공(高空)'으로 쓰기보다는 '높은 하늘'이라고 쓰면 되고, '높은 곳'이나 '높은 데'라 해도 됩니다. '저 높은 곳'이나 '저 높은 하늘'이라 할 수도 있습니다.

- 겁이 정말 없다는 소릴 들을 정도로 **고공(高空)**에서조차 두려움이 적었다
- → 무서움이 참말 없다는 소릴 들을 만큼 **높은 하늘**에서조차 아무렇지 않았다
- → 두려움이 참말 없다는 소릴 들을 만큼 **높이 올라가서**조차 아무렇지 않았다

고목(古木)

- **고목(古木):** 주로 키가 큰 나무로, 여러 해 자라 더 크지 않을 정도로 오래된 나무. '교목', '큰 나무'로 순화

한글로 '고목'이라고만 적으면 '古木·苦木·高木·橋木' 가운데 무엇인지 알 수 없습니다. 그러나 '큰나무·소태나무·높나무(높이 자란 나무)·마른나무'로 적으면 곧바로 알아볼 수 있습니다. 이처럼 쉽게 알아볼 뿐 아니라 뜻이 또렷하게 드러나는 말을 쓰면 됩니다. 사전은 '고목'을 '교목·큰 나무'로 고쳐쓰라고 풀이하면서, '교목(喬木)'은 "[식물] 줄기가 곧고 굵으며 높이가 8미터를 넘는 나무 ≒ 큰키나무"로 풀이합니다. '큰키나무'로 고쳐써도 되고 '큰나무·우람나무' 같은 새말을 지어도 좋으리라 생각합니다.

- 당신이 등에 짊어진 **고목(古木)**
- → 그대가 등에 짊어진 **큰나무**
- → 그대가 등에 짊어진 **큰키나무**
- → 이녁이 등에 짊어진 **우람나무**
- → 네가 등에 짊어진 **커다란 나무**

고언(苦言)

- **고언(苦言):** 듣기에는 거슬리나 도움이 되는 말 ≒ 고어(苦語)·쓴소리
- **고어(苦語):** = 고언(苦言)
- **쓴소리:** = 고언(苦言)

'고언'이라는 한자말을 사전에서 찾아보면 '고어'하고 '쓴소리'라는 비슷한말이 나옵니다. '고어·쓴소리'를 다시 찾아보면 "= 고언"으로 풀이합니다. '고언'이라고만 적으면 못 알아볼 수 있으니 보기글은 묶음표를 치고 한자를 넣습니다. 글쓴이가 '쓴소리'라고 쓰면 어떨까요? 묶음표를 치고서 '苦言'을 넣을 일은 없을 테지요. 처음부터 '쓴소리'라 적으면 누구나 쉽게 알아듣습니다. 비슷하게 '쓴말'이라 할 수 있고, '가르침·가르침말'이라 해도 되며, '따끔한 말·따끔말'이라 해도 잘 어울립니다. 사전은 "쓴소리 = 고언"으로 풀이하는데, '고언 → 쓴소리'처럼 다루어야 우리말 사전답습니다.

- 동시대를 사는 많은 이들에게 **고언(苦言)**을 들려주었다
- → 같은 시대를 사는 많은 이들한테 **쓴소리**를 들려주었다
- → 같은 시대를 사는 많은 이들한테 **쓴말**을 들려주었다
- → 같은 시대를 사는 많은 이들한테 **따끔한 말**을 들려주었다
- → 같은 시대를 사는 많은 이들한테 **가르침**을 들려주었다

고읍(古邑)

• **고읍(古邑):** 1. 옛 읍 ≒ 구읍(舊邑) 2. 옛날에 군아(郡衙)가 있던 곳

예전에 읍이던 곳이면 '옛 읍'입니다. 사전에는 '고읍·구읍' 두 가지 한자말을 싣습니다. 모두 '옛 읍'을 뜻합니다. 그러면 '옛읍'도 실을 만하고, 새로운 읍이라면 '새읍'이라 하면 됩니다. 보기글에서는 '예전에 읍이던'이나 '지난날 읍이던'으로 바꿔 볼 수 있습니다.

● 1941년 **고읍(古邑)**인 밀양을 고향으로 나는 국민학교의 교장 사택에서 태어났다
→ 1941년 **옛 읍**인 밀양을 고향으로 나는 국민학교 교장 사택에서 태어났다
→ 1941년 **예전에 읍**인 밀양을 고향으로 나는 국민학교 교장 사택에서 태어났다
→ 1941년 **지난날 읍**이던 밀양을 고향으로 나는 국민학교 교장 사택에서 태어났다

공동(空洞)

- **공동(空洞):** 1. 아무것도 없이 텅 비어 있는 굴. '빈 굴'로 순화 2. 아무것도 없이 텅 빈 큰 골짜기 3. 물체 속에 아무것도 없이 빈 것. 또는 그런 구멍. '속 빔'으로 순화

'공동'으로 적는 한자말은 '共同'도 있고 '空洞'도 있습니다. '공동'으로만 적는다면 아무래도 헷갈릴 만합니다. 그러니 보기글처럼 '공동(空洞)의 공간'으로 써야겠다고 여길 수 있습니다. 그런데 '共同'도 '空洞'도 안 쓸 수 있습니다. '共同의 공간'은 '함께 사는 곳'이나 '여럿이 있는 곳'으로, '空洞의 공간'은 '텅 빈 곳'이나 '빈 곳'으로 쓰면 됩니다.

- 공동의 공간은 환기와 채광이 제대로 되지 않아 **공동(空洞)의** 공간이 되더니

→ 함께 사는 곳은 바람도 볕도 제대로 들지 않아 **텅 빈 곳**이 되더니

→ 여럿이 있는 곳은 바람과 볕이 제대로 들지 않아 **빈 곳**이 되더니

공백(空白)

- **공백(空白):** 1. 종이나 책 따위에서 글씨나 그림이 없는 빈 곳 2. 아무것도 없이 비어 있음 3. 특정한 활동이나 업적이 없이 비어 있음 4. 어떤 일의 빈구석이나 빈틈

'空白'이라 붙이기보다는 '빈 곳'이라고 적으면 한결 낫습니다. 또는 '빈자리·빈틈'으로도 쓸 수 있고, '틈·틈새'도 잘 어울립니다. 보기글에서는 '비워 두어야'나 '열어 두어야'로 적어도 됩니다.

- 종종 **공백(空白)**이란 게 필요하다. 정말 이건 아닌 것 같다는 생각이 들 때
- → 때때로 **빈자리**가 있어야 한다. 참말 이건 아닌 듯하다는 생각이 들 때
- → 가끔 **빈틈**이 있어야 한다. 참으로 이 길은 아닌 듯하다는 생각이 들 때
- → 이따금 **틈새**를 두어야 한다. 참말로 이 길은 아니라는 생각이 들 때
- → 때로는 **비워** 두어야 한다. 참으로 이 길은 아니네 하는 생각이 들 때

공유(共有)

· **공유(共有)**: 두 사람 이상이 한 물건을 공동으로 소유함

'공농(共同)'은 '함께'를 가리키고, '소유(所有)'는 '가짐(기지다)' 을 가리킵니다. 그러니 '함께 가지다'로 쓰면 됩니다. 어떤 것을 함께 가진다고 할 적에는 '함께 쓴다'고 할 수 있습니다. '같이 나눈다'나 '서로 누린다'고도 할 만합니다. '다 같이 나눈다'나 '모두 함께 나눈다'나 '서로 나눈다'고 해도 좋습니다.

● 지역 공동체 안에서 **공유(共有)**를 통해 삶의 규모를 조절하고
→ 지역 공동체에서 **함께 나누면서** 살림 크기를 맞추고
→ 마을 두레에서 **같이 나누면서** 살림살이를 맞추고
→ 마을에서 **서로 나누면서** 살림새를 맞추고

과(過)

- **과**: ×
- **공과(功過)**: 공로와 과실을 아울러 이르는 말
- **과실(過失)**: 부주의나 태만 따위에서 비롯된 잘못이나 허물

'過'는 사전에 없습니다. 그냥 한자입니다. 다만 '공과'라는 한자말은 사전에 있기에 말뜻을 어림해 볼 만합니다. '공과'에서 '過'는 '과실'을 가리킨다 하고, 이는 '잘못'이나 '허물'을 나타낸다 합니다. 그러니 '과'는 '잘못·허물'로 고쳐쓰면 됩니다.

- 멀리 있는 것은 '**과(過)**'가 눈에 잘 안 드러나고, 가까운 것은 '공功'이 눈에 잘 안 띄는 법이지요
→ 멀리 있는 것은 '**잘못**'이 눈에 잘 안 드러나고, 가까운 것은 '보람'이 눈에 잘 안 띄는 법이지요
→ 멀리 있는 것은 '**허물**'이 눈에 잘 안 드러나고, 가까운 것은 '땀방울'이 눈에 잘 안 띄는 법이지요

관(觀)

• **–관(觀):** '관점' 또는 '견해'의 뜻을 더하는 접미사

'관점(觀點)'은 '보는 눈'을 가리킵니다. '견해(見解)'는 '내 생각'을 가리킵니다. '–관'이라는 한자말을 붙여서 쓰는 '가치관', '세계관', '인생관'은 '값어치를 따지는 눈'이나 '세계를 보는 눈', '삶을 보는 눈'을 가리킵니다. '눈길 · 눈 · 눈썰미 · 눈매 · 눈빛 · 눈결' 같은 여러 가지 말마디로 손볼 만합니다. 보기글에서는 한자말도 우리말도 아닌 '외국사람 이름'입니다. 이러다 보니 '–관'만 붙이기에 어울리지 않다고 여겨 '관(觀)'처럼 적었으리라 봅니다. 이럴 때에는 '한나 아렌트 생각'처럼 쓰면 됩니다. '아버지 생각은 어때요?'처럼 말하듯이 다른 토씨 없이 '생각'이라고 하면 됩니다.

● 이런저런 시뮬레이션을 해 보면서 한나 아렌트 **관(觀)**을 개진해 보겠다
→ 이런저런 모의실험을 해 보면서 한나 아렌트 **관점**을 밝혀 보겠다
→ 이런저런 모의실험을 해 보면서 한나 아렌트 **생각**을 밝혀 보겠다
→ 여러모로 따지면서 한나 아렌트가 (정치를) **보는 눈**을 살피려 한다
→ 여러모로 따지면서 한나 아렌트가 (정치를) **어떻게 보는지** 살피겠다

관목(灌木)

· **관목(灌木):** 키가 작고 원줄기와 가지의 구별이 분명하지 않으며 밑동에서 가지를 많이 치는 나무. '떨기나무'로 순화

'떨기나무'라고 하면 됩니다. 보기글은 "키 작은 관목"이라 적는데, 떨기나무(관목)는 키 작은 나무를 가리키니, 이 글월은 겹말입니다. '떨기나무'라는 낱말이 안 떠오른다면 '키 작은 나무'라고만 해도 됩니다.

- 우리가 살았던 브라반트 땅에는 잡목 숲과 키 작은 **관목(灌木)** 숲이 있고
→ 우리가 살던 브라반트 땅에는 온갖 나무 숲과 **떨기나무** 숲이 있고
→ 우리가 살던 브라반트에는 온갖 나무와 **키 작은 나무** 숲이 있고

광명(光明)

- **광명(光明):** 1. 밝고 환함. 또는 밝은 미래나 희망을 상징하는 밝고 환한 빛 2. [불교] 부처와 보살 등의 몸에서 나는 빛 3. [불교] 번뇌나 죄악의 암흑에 신앙상의 지혜와 견해를 갖도록 밝게 비추는 일

'빛'을 한자말로 옮기니 '광명'입니다. '어둠'을 한자말로 옮기면 '암흑'이에요. 보기글은 "빛이라는 이름의 광명"하고 "어둠이라는 이름의 암흑"을 말하니 아리송합니다. '빛이라는 이름인 빛'하고 '어둠이라는 이름인 어둠'을 말하는 셈이니까요. 보기글을 살피면 "앞쪽 면"하고 "뒤쪽 면"이라는 대목이 있는데, '면(面)'은 '쪽'을 가리키니 겹말입니다.

- 나무가 잎의 앞쪽 면에 빛이라는 이름의 **광명(光明)**을 위하여 뒤쪽 면에 어둠이라는 이름의 암흑을 기르듯
→ 나무가 잎 앞쪽에 빛이라는 이름을 **북돋우려** 뒤쪽에 어둠이라는 이름을 기르듯
→ 나무가 잎 앞쪽에 빛이라는 이름을 **키우려** 뒤쪽에 어둠이라는 이름을 기르듯
→ 나무가 잎 앞쪽에 빛을 **북돋우려** 뒤쪽에 어둠을 기르듯
→ 나무가 잎 앞쪽에 빛을 **키우려** 뒤쪽에 어둠을 기르듯

광발아성(光發芽性)

- **광발아성:** ×
- **발아성:** ×
- **광발아:** ×
- **발아(發芽):** 1. [식물] 초목의 눈이 틈 2. [식물] 씨앗에서 싹이 틈 ≒ 싹트기·아생(芽生)

사전에는 '광발아성', '광발아', '발아성'도 없습니다. 이 한자말은 일본 농사말인 듯합니다. '발아'만 놓고 보아도 우리말은 '싹트다 · 움트다 · 눈트다'가 있습니다. 낯선 '광발아성'이란 말을 쓰기보다는 '빛을 받아야 하는'이나 '빛을 쬐여야 하는', '빛이 있어야 하는'으로 쓰든지 '빛받이씨 · 빛받이씨앗'처럼 새로 지어도 좋습니다.

- 상추는 **광발아성(光發芽性)** 종자입니다. 빛을 받아야 싹이 난다는 뜻이에요
- → 상추는 **빛을 받아야 싹이 트는** 씨앗입니다. 빛을 꼭 받아야 해요
- → 상추는 **빛을 쬐여야 싹이 트는** 씨앗입니다. 빛을 꼭 쏘여야 해요
- → 상추는 **빛이 있어야 싹이 트는** 씨앗입니다. 빛을 꼭 쏘여야 해요
- → 상추는 **빛받이씨**입니다. 빛이 있어야 싹이 나요

광염(狂炎)

- **광염(狂炎):** 1. 미친 듯이 타오르는 불길 2. 미친 듯이 타오르는 정열을 비유적으로 이르는 말

사전을 살피면 '광염'으로 적는 한자말로 '光焰'이나 '光艶'도 있습니다. '光焰'은 '빛과 불꽃'을 가리키고, '光艶'은 '매우 아름다운 광택'을 가리킨다고 합니다. 보기글은 "미친 듯이 타오르는 불길"을 가리키는 '狂炎'을 씁니다. 그러나 빛과 불꽃이라면 '빛불꽃'처럼, 매우 아름다운 반짝거림이라면 '고운빛'처럼 새 낱말을 지을 만합니다. 미친 듯이 타오르는 불길은 '미친불·미친불길' 같은 낱말을 지을 만하겠지요. 말뜻대로 '미친 불길'이나 '미쳐 날뛰는 불길'이라 해도 되고, '무시무시한 불길'이나 '무서운 불길'이라 할 수 있습니다.

- 광염(狂炎)에 청년이 사그라졌다
→ **미친 불길**에 젊은이가 사그라졌다
→ **무시무시한 불길**에 젊은이가 사그라졌다
→ **무서운 불길**에 젊은 넋이 사그라졌다

괴리(乖離)

- **괴리(乖離):** 서로 어그러져 동떨어짐

어그러질 적에는 '어그러진다'고 하면 됩니다. 동떨어지기에 '동떨어진다'고 하면 돼요. 둘 모두 나타내고 싶으면 '어그러지거나 동떨어진다'고 하면 되지요. 이러한 모습은 '엇갈린다'나 '엇나간다'로 나타내기도 하고 '엇박자'라고도 합니다.

- 반대로 능력 발휘는 학교 내로 제한되고 있다. 그 결과 일과 여가는 서로 **괴리(乖離)**되고 있다
- → 거꾸로 솜씨 뽐내기는 학교에서만 할 수 있다. 이리하여 일과 놀이는 서로 **동떨어지고** 만다
- → 이와 달리 솜씨는 학교에서만 드러낼 수 있다. 이러다 보니 일과 놀이는 서로 **어그러진다**
- → 그러나 솜씨는 학교에서만 보일 수 있다. 이러느라 일과 놀이는 서로 **엇갈린다**

교행(交行)

사전에는 '교행'이라는 한자말이 안 나옵니다. 한자로 '交行'이라 적더라도 알아볼 수 없습니다. 사전에 '郊行'이라는 한자말은 나옵니다. 이 한자말은 '교외로 나감'을 뜻하고, '교외(郊外)'는 '도시 주변 지역'을 뜻합니다. 그러니 도시 바깥으로 나가는 일을 두고 '郊行'이라 할 수 있구나 싶기는 한데, 이런 말을 누가 쓰는지 모르겠습니다. 보기글을 보면 밤열차가 위와 아래에서 오간다고 합니다. 이때에는 '이쪽저쪽에서 오가는 밤열차'로 손보면 됩니다. 밤열차가 이쪽과 저쪽에서 지나갈 테니 '서로 지나치는 때'로 써도 좋겠고, 이쪽과 저쪽에서 지나가는 모습이기에 '엇갈리는 때'로 해도 어울립니다.

● 상하행 밤열차가 **교행(交行)**하는 순간

→ 밤열차가 이쪽저쪽에서 **엇갈리는** 때

→ 밤열차가 이쪽저쪽에서 **지나가는** 때

→ 밤열차가 이쪽저쪽에서 **오가는** 때

군불견(君不見)

· 군불견: x

사전에 '군불견'은 안 나옵니다. 한자말도 아닌 한문이기 때
문입니다. 누구는 '군불견'이나 '君不見' 같은 글을 쓰고 싶을
수 있습니다. 그러나 적잖은 사람은 한글로 적든 한자로 적
든, 또는 한글로 적고서 한자를 붙이든, 이 말마디를 못 알
아봅니다. 글은 어떻게 쓸 적에 좋을까요? 보기글에서는 '君
不見'이라는 대목을 덜어내도 됩니다. 바로 뒤에 "그대는 보
지 못하는가"라 적으니까요. 꼭 첫머리에 어떤 말을 넣고 싶
다면 '그대여, 그대는 보지 못하는가'처럼 적을 수 있습니다.
'눈먼 그대여, 그대는 보지 못하는가'라든지 '눈 감은 그대여,
그대는 보지 못하는가'처럼 적어 볼 수도 있겠지요.

● **君不見** 그대는 보지 못하는가
→ 그대는 보지 못하는가
→ **그대여**, 그대는 보지 못하는가
→ **눈먼 그대여**, 그대는 보지 못하는가
→ **그대는 못 보네**, 그대는 보지 못하는가

귀천(歸天)

• **귀천(歸天):** 넋이 하늘로 돌아간다는 뜻으로, 사람의 죽음을 이르는 말

넋이 하늘로 돌아간다고 하는 뜻을 담은 한자말입니다. 보기 글을 가만히 보면 "영혼이 하늘로 올라가 귀천(歸天)한다"라 하니 겹말입니다. '귀천(歸天)한다'를 덜고서 '넋이 하늘로 올라간다'라고만 하거나 '넋이 하늘로 돌아간다'라 하면 됩니다.

● 책과 그 안에 들어앉은 글은 태어난 그 순간부터 사람 위에 있다가 죽어서도 땅에 묻히지 않고 그 영혼이 하늘로 올라가 **귀천(歸天)한다**

→ 책과 책에 들어앉은 글은 태어난 그때부터 사람 위에 있다가 죽어서도 땅에 묻히지 않고 **넋이 하늘로 올라간다**

→ 책과 책에 들어앉은 글은 태어난 그때부터 사람 위에 있다가 죽어서도 땅에 묻히지 않고 **넋이 하늘로 돌아간다**

급서(急逝)

- **급서(急逝):** '급사'의 높임말
- **급사(急死):** 갑자기 죽음

한자말 '급서'는 '급사'를 높이는 낱말이라고 합니다. 그렇구나 하고 고개를 끄덕이다가 이 같은 말뜻이나 말결을 몇 사람이나 알까 아리송하기도 합니다. '급서'에 '急逝'를 덧달아 준들 알아볼 만하지 않습니다. '죽다'라는 낱말을 '돌아가다'나 '돌아가시다'로 높여서 씁니다. 이처럼 우리말로 쉽게 높여 주면 됩니다. 보기글에서는 동무가 죽은 일을 이야기하는 만큼 '갑자기 죽은'이라고만 해도 되고, '갑자기 떠난', '갑자기 스러진', '갑자기 쓰러진', '갑자기 눈을 감은', '갑자기 하늘로 떠난'이라고 해 볼 만합니다.

- **급서(急逝)**한 친구의 짐정리를 돕다가 발견한 40년 전 흑백사진의 내 얼굴은
→ **갑자기 떠난** 벗님 짐정리를 돕다가 찾은 40년 전 흑백사진에 있는 내 얼굴은
→ **갑자기 숨진** 벗님 짐을 함께 치우다가 찾은 마흔 해 묵은 흑백사진 내 얼굴은

기도(祈禱)

- **기도(祈禱):** 인간보다 능력이 뛰어나다고 생각하는 어떠한 절대적 존재에게 빎. 또는 그런 의식
- **비손:** [민속] 두 손을 비비면서 신에게 병이 낫거나 소원을 이루게 해 달라고 비는 일

'빌다'를 한자말로는 '기도하다(祈禱−)'라 합니다. 그런데 이 '기도'는 한자말이어도 워낙 흔하게 쓰는 터라 사람들이 따로 어떤 한자를 쓰는지 잘 모르기도 하고, 아예 안 헤아리기도 합니다. 어느 종교에서든 '기도'라고만 할 뿐, '기도(祈禱)'나 '祈禱'라 하는 일은 찾아보기 매우 어렵습니다. 빈다고 할 적에 이 비는 몸짓을 나타내고 싶다면 한자를 빼고 '기도를 찾아서'라 하면 됩니다. 또는 '비손'이라는 오랜 우리말을 쓸 수 있습니다. '바람을 찾아서'나 '꿈을 찾아서'라 해도 되고요.

- 우리 네 식구가 냄새를 풍기며 구더기처럼 꼬물거릴 그 **기도(禱祈)**를 찾아서
- → 우리 네 식구가 냄새를 풍기며 구더기처럼 꼬물거릴 그 **비손**을 찾아서
- → 우리 네 식구가 냄새를 풍기며 구더기처럼 꼬물거릴 그 **바람**을 찾아서
- → 우리 네 식구가 냄새를 풍기며 구더기처럼 꼬물거릴 그 **꿈**을 찾아서

기면(嗜眠)

- **기면(嗜眠):** [의학] = 졸음증
- **졸음증(-症):** 1. 잠이 오는 증상 2. [의학] 항상 꾸벅꾸벅 졸거나 잠이 들어 있는 상태

'기면'으로 쓰든 '기면(嗜眠)'으로 쓰든 '嗜眠'으로 쓰든 알아들을 사람은 거의 없다고 느낍니다. 이 같은 한자말보다는 '졸음증'을 의학말로 삼으면 됩니다. "기면에서는 꿈도" 같은 글월은 '졸 때에는 꿈도'나 '졸 적에는 꿈도', '졸음에서는 꿈도', '꾸벅꾸벅 졸면 꿈도'로 고쳐씁니다.

- 내 낯섦을 빠져나가기 위해 떠다니는 **기면(嗜眠)**에서는 꿈도 불순하다
- → 낯선 나를 빠져나가려고 떠다니는 **졸음**에서는 꿈도 맑지 않다
- → 낯선 나를 빠져나가고자 떠다니며 **졸 때**에는 꿈도 맑지 않다

기생(寄生)

- **기생(寄生):** 1. [생물] 서로 다른 종류의 생물이 함께 생활하며, 한쪽이 이익을 얻고 다른 쪽이 해를 입고 있는 일. 또는 그런 생활 형태 2. 스스로 생활하지 못하고 다른 사람을 의지하여 생활함. '더부살이'로 순화
- **더부살이:** 1. 남의 집에서 먹고 자면서 일을 해 주고 삯을 받는 일. 또는 그런 사람 2. 남에게 얹혀사는 일 3. 나무나 풀에 기생하는 식물

생물에서 쓰는 '기생'은 '빌붙기 · 얹혀살기 · 붙어살기 · 더부살이 · 기대기'라고 할 수 있습니다. 보기글처럼 '기생(寄生)'이라 쓰기보다는 말뜻대로 풀어서 쓰면 한결 낫습니다.

● 광고란 실제 그 자체에 **기생(寄生)**한다는 점에서 효과적이라 할 수 있다

→ 광고란 실제에 **더부살이**한다는 대목에서 효과가 있다고 할 수 있다

→ 광고란 삶을 **등에 업는다**는 대목에서 효과를 낸다고 할 수 있다

→ 광고란 삶에 **빌붙기**에 보람이 있다고 할 수 있다

→ 광고란 삶에 **기대기**에 보람이 있다고 할 수 있다

기우(杞憂)

- **기우(杞憂):** 앞일에 대해 쓸데없는 걱정을 함. 또는 그 걱정. 옛날 중국 기(杞)나라에 살던 한 사람이 '만일 하늘이 무너지면 어디로 피해야 좋을 것인가?' 하고 침식을 잊고 걱정하였다는 데서 유래한다 ≒ 군걱정
- **군걱정:** = 기우(杞憂)

'기우(杞憂)'라는 한자말은 중국 옛이야기에서 나왔다고 합니다. 이러한 옛이야기를 바탕으로 재미난 말을 써 볼 수도 있습니다. 그러나 중국 옛이야기를 따로 들추거나 한자로 '杞憂'까지 밝히지 않고서는 말뜻을 짚기가 참 어렵습니다. 한국말로는 '군걱정'이나 '군근심'이라고 하면 매우 쉬운데 말이지요. 군더더기로 하는 걱정이기에 군걱정입니다. '쓸데없는 걱정'이나 '덧없는 걱정', '부질없는 걱정', '쓰잘 데 없는 걱정'으로 손질해도 됩니다.

- 그건 **기우(杞憂)**일지 모르지만
→ 그건 **군걱정**일지 모르지만
→ 이는 **쓸데없는 걱정**일지 모르지만
→ 이는 **부질없는 걱정**일지 모르지만

나목(裸木)

- **나목(裸木):** 잎이 지고 가지만 앙상히 남은 나무

'나목'이나 '나목(裸木)'으로 쓰기보다는 '잉싱힌 니무'리 히면 알맞고 알아보기 좋습니다. '벌거숭이 나무'나 '벌거벗은 나무'라 해도 됩니다. '앙상나무'나 '빈나무'처럼 새롭게 말을 지어 보아도 좋습니다.

- 교문 안으로 들어서자 **나목(裸木)**의 언덕이 한눈에 들어와 가슴에 다가선다
- → 교문으로 들어서자 **벌거숭이 나무** 언덕이 한눈에 들어와 가슴에 다가선다
- → 교문으로 들어서자 **앙상한 나무**가 선 언덕이 한눈에 들어와 가슴에 다가선다

난분분(亂紛紛)

- **난분분(亂紛紛):** 눈이나 꽃잎 따위가 흩날리어 어지러움

'난분분'이란 무엇일까요. 한글로 적어도 알기 어렵지만, 한자를 밝혀도 알기 어렵습니다. '어지럽다'나 '어수선하다' 같은 쉬운 우리말을 쓰면 한결 나으리라 생각합니다. 때로는 '흩날리다'라고도 할 수 있습니다.

- 많이 보는 만큼 인생은 **난분분(亂紛紛)**할 뿐이다
- → 많이 보는 만큼 삶은 **어지러울** 뿐이다
- → 많이 보는 만큼 삶은 **어수선할** 뿐이다
- → 많이 보는 만큼 삶은 **어지러이 흩날릴** 뿐이다
- → 많이 보는 만큼 삶은 **흩날려 어지러울** 뿐이다

내한성(耐旱性)

- **내한성(耐旱性):** ×
- **내한(耐旱):** 가뭄을 견딤

'내한성'이라고만 하면 무엇을 말하는지 잘 모를 수 있습니다. 보기글처럼 한자를 달아 준대서 알아볼 만하지는 않습니다. 그래서 보기글은 뒤에 '즉'으로 이어 뜻을 다시 풀어 줍니다. 처음부터 한자를 붙이지 말고, 뜻풀이를 덧붙이지 않으면 됩니다. 가뭄을 잘 견딘다니 '가뭄을 잘 견딘다'고 하거나 '가물어도 잘 큰다'고 하면 됩니다.

- 옥수수나 수수 같은 작물은 **내한성(耐旱性)** 작물, 즉 가뭄에 강한 곡식으로 유명하다
- → 옥수수나 수수는 **가뭄을 잘 견디기**로 이름이 높다
- → 옥수수나 수수는 **가뭄을 잘 견딘다**
- → 옥수수나 수수는 **가물어도 잘 큰다**

냉(冷)

- **냉하다(冷-):** 1. 싸늘하고 찬 기운이 있다 2. [한의학] 아랫배가 늘 싸늘하다 3. [한의학] = 차다

'冷'이라는 한자는 '찬'을 가리킵니다. '冷하다'는 '차다'를 가리킵니다. 쉬운 우리말로 '차다'라고 하면 그만입니다. 굳이 '냉(冷)하여'처럼 쓸 일이 없습니다. 보기글에 함께 있는 '노지(露地)'도 '맨땅·맨흙'으로 손질하면 됩니다.

- 산수유 피었어도 노지(露地)는 **냉(冷)**하여 직파를 단념하고
- → 산수유 피었어도 맨땅은 **차가워** 씨뿌리기를 그만두고
- → 산수유 피었어도 맨흙은 **차서** 씨뿌리기를 그만두고

노(老)

• **노(老)**: '늙은' 또는 '나이가 많은'의 뜻을 더하는 접두사

늙은 교수를 '늙은' 교수라 하지 않고 '노'라는 한자를 붙이려니 노 씨인 교수와 헷갈릴 수 있구나 싶어서, 또는 나이 든 교수를 높이려고 한자를 붙인 듯합니다. 그러나 그냥 '늙은' 교수라고 하면 됩니다. '나어리다'라는 낱말처럼 '나이들다'라는 낱말을 새롭게 지어서 '나이든' 교수라 할 수 있고 '나이 많은'이나 '늙수그레한'이라는 말을 넣어 볼 만합니다. 보기글에 나오는 '한담을 즐기던 중이었다'는 '이야기를 느긋이 즐겼다'로 손질해 주면 좋습니다.

● 나는 **노(老)** 교수와 이런저런 한담을 즐기던 중이었다

→ 나는 **늙은** 교수와 이런저런 이야기를 한갓지게 즐겼다

→ 나는 **나이든** 교수와 이런저런 이야기를 느긋이 즐겼다

→ 나는 **늙수그레한** 교수와 이런저런 이야기를 가벼이 즐겼다

노래(老來)

· **노래(老來)**: '늘그막'을 점잖게 이르는 말

우리말로 '노래'라고 하면 '귀로 듣는 소리나 가락'입니다. '老來' 같은 한자말은 우리말이라고 할 수 없습니다. '늘그막'이라는 우리말이 어엿하게 있으니 '老來' 같은 외국말은 우리말 사전에서 털어낼 수 있기를 바랍니다.

● 참으로 **노래(老來)**에 소일거리로는 벅찬 일이었음을 고백하지 않을 수 없다
→ 참으로 **늘그막**에 심심풀이로는 벅찬 일이었다고 털어놓지 않을 수 없다
→ 참으로 **다 늙어서** 할 일로는 벅찼다고 밝히지 않을 수 없다

노수(老樹)

- **노수(老樹):** 오래된 나무

오래된 나무를 가리켜 '노수'라 한다면, 오래되지 않은 나무는 무엇이라고 가리킬는지 궁금합니다. 오래된 나무는 말 그대로 '오래된 나무'일 뿐입니다. 아직 얼마 안 자란 나무를 가리킬 때에는 '어린나무'라 합니다. 무척 오래된 나무를 가리킬 때에는 '늙은나무'라 하면 됩니다.

- 나는 마을에 들어설 때마다 한 그루의 **노수(老樹)**가 있는 것을 보았다
- → 나는 마을에 들어설 때마다 한 그루 **늙은 나무**가 있는 모습을 보았다
- → 나는 마을에 들어설 때마다 **늙은나무** 한 그루를 보았다

노염(老炎)

- **노염(老炎):** = 늦더위
- **늦더위:** 여름이 다 가도록 가시지 않는 더위 ≒ 노염(老炎)·만염(晚炎)

'늦더위'라 하면 될 말을 '노염'이라고 적으니 그만 말뜻을 헤아리기 어려워서 한자를 덧단 꼴입니다. 그냥 '늦-'을 붙여서 또렷하게 쓰면 됩니다. 이를테면 '늦여름·늦장가·늦바람'처럼 씁니다. 사전에서 '늦더위'를 찾아보면 두 가지 한자말을 비슷한말로 붙이지만 모두 털어낼 낱말입니다.

- 아직은 끈끈한 더위가 우리의 인내심을 시험하는 것 같다. **노염(老炎)**이라고 했지만 아직 더위는 늙지 않았다
- → 아직은 끈끈한 더위가 우리 참을성을 살피려는 듯하다. **늦더위**라고 했지만 아직 더위는 기운을 펄펄 낸다
- → 아직은 끈끈한 더위가 우리가 잘 참는지를 알아보려는 듯하다. **막바지더위**라고 했지만 아직 더위는 기운을 펄펄 낸다

녹음(綠陰)

· **녹음(綠陰):** 푸른 잎이 우거진 나무나 수풀. 또는 그 나무의 그늘

그저 '나무 그늘'이라고 하면 됩니다. 나무는 푸르게 우거지면서 그늘을 드리우니 '綠 + 陰' = '푸른 + 그늘'로 낱말을 지어서 '푸른그늘'이라 할 수 있고, '나무그늘'처럼 새 낱말을 지어도 됩니다.

● 금년엔 이 짙고 무거운 **녹음(綠陰)** 밑에서 서늘한 여름을 지내게 될 것이다

→ 올해엔 이 짙고 무거운 **나무그늘**에서 서늘한 여름을 지낼 수 있다

→ 올해엔 이 짙푸르고 무거운 **그늘**에서 서늘한 여름을 지낼 수 있다

→ 올해엔 **푸른그늘**에서 서늘한 여름을 지낼 수 있다

농담(濃淡)

- **농담(濃淡):** 1. 색깔이나 명암 따위의 짙음과 엷음 2. 용액 따위의 진함과 묽음 3. 생각이나 표현의 강함과 약함

얼마나 짙은가를 헤아릴 적에는 '짙기'나 '묽기'라는 낱말을 쓰면 됩니다. 또는 '짙거나 엷은가'나 '짙거나 묽은가'로 적을 수 있어요. 사전에는 아직 '짙기'나 '묽기' 같은 낱말이 안 실립니다만, 앞으로는 이 같은 한국말도 알뜰히 담아야지 싶습니다.

- 손끝 떨림이 전해진 종이 위 잉크의 **농담(濃淡)**을 이해하느라 밤은 엎드린 자세로 구름을 괸다
→ 손끝 떨림이 닿은 종이에서 잉크 **묽기**를 헤아리느라 밤은 엎드려서 구름을 괸다
→ 손끝 떨림이 닿은 종이에서 잉크가 **짙은가 엷은가**를 헤아리느라 밤은 엎드려서 구름을 괸다

농로(農路)

- **농로(農路):** 농사에 이용되는 길. 농가와 경지 사이 또는 경지와 경지 사이를 연결하여, 사람이나 차량이 다니고 비료나 수확물 따위를 운반하는 길을 이른다

보기글에서는 시골마을에 있는 어느 집 앞으로 '농로'가 있다 하고, 이 길 건너에 돌담을 두른 밭이 있다고 합니다. 그러면 이 길은 마을 한복판에 있습니다. 이때에는 '마을길'이라 할 만합니다. 숲과 들과 논밭이 있는 마을이라면 시골이기에 '시골길'이라 할 수 있습니다. 가까이에 들이 펼쳐지면 '들길'입니다. 그리고 마을에 놓아 집과 밭 사이를 잇는 조그마한 길이라 한다면 '고샅'입니다. 길이 밭과 밭 사이에 있으면 '밭길', 논과 논 사이에 있는 길은 '논길'이라 하면 됩니다.

- 베아트릭스가 힐 탑을 구입했을 때는 현관 맞은편 **농로(農路)** 건너에 돌담을 두른 작은 채마밭이 유일한 정원이었다
- → 베아트릭스가 힐 탑을 장만했을 때는 이 집 맞은편 **고샅** 건너에 돌담을 두른 작은 남새밭이 꼭 하나 있는 뜰이었다
- → 베아트릭스가 힐 탑을 사들였을 때는 이 집 맞은편 **마을길** 건너에 돌담을 두른 작은 남새밭이 꼭 하나 있는 뜰이었다

눈(雪)

사람들이 '눈'이라는 낱말을 못 알아들을까 걱정하는 바람에 '雪'이라는 한자를 붙입니다. 그렇다면 한자 '雪'은 모든 사람이 다 알까요? 더욱이 보기글은 '해'에 '太陽'처럼 덧붙이지 않습니다. '눈'만으로 좀 헷갈릴 만하다 싶으면 '눈송이'로 적을 수 있고, '겨울에 내리는 눈'이나 '하늘에서 내리는 눈'으로 적을 수 있습니다.

● 난 해보다 **눈(雪)**이 좋아
→ 난 해보다 **눈**이 좋아
→ 난 해보다 **눈송이**가 좋아

눈(芽)

- **아(芽):** ×
- **눈:** 새로 막 터져 돋아나려는 초목의 싹

한글로 '눈'이라고만 적으면 다른 여러 가지 '눈'하고 헷갈릴까 싶어 묶음표를 치고 한자를 넣는구나 싶지만, 풀숲에서 '눈'을 본다고 하면 '싹'이나 '움'을 가리킵니다. 한자를 굳이 밝힐 까닭이 없습니다. 정 헷갈리겠구나 싶으면 '싹·움'으로 쓰면 됩니다.

- 앨더베리 덤불에서 예쁜 자주색 **눈(芽)**을 발견했다
- → 앨더베리 덤불에서 예쁜 자줏빛 **눈**을 보았다
- → 앨더베리 덤불에서 예쁜 자줏빛 **싹**을 보았다

다독(多讀) 정독(精讀)

- **다독(多讀):** 많이 읽음
- **정독(精讀):** 뜻을 새겨 가며 자세히 읽음

많이 읽을 적에는 '많이읽기'처럼 써 볼 수 있습니다. 이처럼 새 낱말을 짓기가 알맞지 않다고 여기면 '많이 읽기'처럼 띄어서 쓰면 됩니다. 뜻을 새기며 읽을 적에도 '새겨읽기'처럼 붙여 쓰거나 '새겨 읽기'처럼 띄어 쓰면 됩니다. 아직 사전에는 '책읽기'가 한 낱말로 안 오릅니다. 그러나 이제는 '-읽기'를 바탕으로 새 낱말을 짓는 틀을, 이를테면 '영화읽기·문화읽기·만화읽기·사회읽기·사진읽기'도 쓸 수 있는 틀을 사전에 올리면 좋겠습니다. '책읽기'는 하루빨리 사전에 올려야겠고요.

- 어쩌다 보니 독서 이야기를 하게 됐는데, 나는 독서에서 **다독(多讀)**이 굉장히 중요하다고 봐. **정독(精讀)**은 그 다음 문제야
- → 어쩌다 보니 책읽기 이야기를 하는데, 나는 책을 읽을 때에는 **많이 읽어야** 좋다고 봐. 그 다음에 **찬찬히 새겨 읽어야지**
- → 어쩌다 보니 책 이야기를 하는데, 나는 책은 되도록 **많이 읽어야** 좋다고 봐. 그 다음에 **깊이 새겨 읽어야지**

다언(多言) 실언(失言)

- **다언(多言):** 수다스럽게 말이 많음. 또는 그 말
- **실언(失言):** 실수로 잘못 말함. 또는 그렇게 한 말. '말실수'로 순화

말이 많다고 할 적에는 '말이 많다'거나 '수다스럽다'라고 하면 됩니다. 굳이 한자말로 옮겨 '다언'으로 적으니 보기글처럼 한자를 덧다는데, 이렇게 한들 알아보기 쉽지 않습니다. '실언'이라는 한자말은 '말실수'로 고쳐쓸 낱말이라고 합니다. '실수'라는 한자말은 '잘못'을 뜻합니다. '실언(失言)'처럼 한자를 붙이기보다는 '말잘못'으로 고쳐쓰거나 '잘못 말하는'으로 손질하면 한결 낫습니다.

- **다언(多言)**이 **실언(失言)**으로 가는 지름길이 될 수 있다는 사실을 망각하지 않으려 한다
- → **말이 많으면 말잘못**으로 가는 지름길이 될 수 있는 줄 잊지 않으려 한다
- → **수다스러우면 잘못 말**하는 지름길이 될 수 있는 줄 잊지 않으려 한다

다음(多飮)

- **다음(多飮):** 술을 많이 마심

사전에 나오는 '다음'은 술을 많이 마시는 모습을 가리킨다고 합니다. 보기글은 물을 많이 마시는 모습을 '다음'으로 적고 한자를 붙이고서 또 뒤쪽에는 "물을 많이 마심"을 덧붙입니다. '다음(多飮)'처럼 적을 까닭이 없습니다. 사전에서도 '다음' 같은 한자말은 털어낼 노릇입니다. 물이든 술이든 많이 마시면 그저 '많이 마시다'라 하면 됩니다.

- **다음(多飮)**으로 발생하는 빈뇨: 물을 많이 마심으로써 소변량이 증가하여 소변의 횟수가 증가하는 경우도 있습니다
- → **물을 많이 마셔서** 잦은 오줌: 물을 많이 마시기에 오줌 부피가 늘어서 오줌을 자주 누는 때도 있습니다
- → **물을 많이 먹으니** 잦은 오줌: 물을 많이 먹기에 오줌 부피가 늘어서 오줌을 자주 누기도 합니다
- → **물을 많이 마시는 바람에** 잦은 오줌: 물을 많이 마시니 오줌 부피가 늘어서 오줌을 자주 눌 수도 있습니다

다정(多情)

- **다정(多情):** 정이 많음. 또는 정분이 두터움
- **정(情):** 느끼어 일어나는 마음. 사랑이나 친근감을 느끼는 마음
- **정분(情分):** 사귀어서 정이 든 정도

한자말 '다정'을 쓰고 싶을 때에는 그냥 쓰면 됩니다. 따로 묶음표 한자를 덧달지 않아도 됩니다. 보기글에서는 한자를 붙이기보다 우리 마음을 잘 나타내도록 풀어낼 만합니다. 이를테면 '따순 마음'이나 '따스한 마음', '따뜻한 마음', '따사로운 마음'이라 할 만합니다. '뜨뜻한 마음'이나 '뜨거운 마음', '보드라운 마음', '포근한 마음', '살가운 마음'이라고도 할 수 있습니다.

- 이쯤 되면 **다정(多情)**은 틀림없는 병이다
- → 이쯤 되면 **따순 마음**은 틀림없이 병이다
- → 이쯤 되면 **따스함**은 틀림없이 병이다
- → 이쯤 되면 **살가운 마음**은 틀림없이 병이다
- → 이쯤 되면 **살가운 손길**은 틀림없이 병이다

대(大)

- **대(大):** '큰, 위대한, 훌륭한, 범위가 넓은'의 뜻을 더하는 접두사

'大'라는 한자를 붙여서 '큰'이나 '훌륭한'을 나타내기도 하는데, 말뜻을 헤아린다면 '큰'이나 '훌륭한'이라고만 적으면 됩니다. '대(大)자로 드러누워'처럼 적을 자리라면 '벌렁 드러누워'나 '벌러덩 드러누워', '팔을 활짝 벌리고 드러누워'로 손질할 수 있습니다.

- **대(大)**내스테로스 압바가 한 제자와 함께
- → **큰** 내스테로스 압바가 한 제자와 함께
- → **훌륭한** 내스테로스 압바가 한 제자와 함께
- → **높으신** 내스테로스 압바가 한 제자와 함께
- → **하늘같은** 내스테로스 압바가 한 제자와 함께

- 웃으며 **대大**자로 드러누워
- → 웃으며 **벌렁** 드러누워
- → 웃으며 **벌러덩** 드러누워
- → 웃으며 **팔을 활짝 벌리고** 드러누워

대가(大家)

- **대가(大家):** 3. = 대옥(大屋)
- **대옥(大屋):** 규모가 큰 집

집이 크니 '큰 집'입니다. 큰 집을 굳이 한자말로 옮겨서 '대가'로 적으니 못 알아보겠구나 싶어서 묶음표를 쳤습니다. '대가(大家)'로 적는다고 해서 알맞다고 보기도 어렵습니다. 그냥 '큰 집'이라 하면 됩니다. '큼직한 집'이나 '커다란 집', '크나큰 집'이라고도 할 수 있습니다. 더 헤아려 본다면 '큰 집·작은집'을 아예 새 낱말로 써 볼 만합니다. 한자를 엮어서 '대가'라는 낱말만 사전에 싣지 말고, '큰–·작은–'을 앞가지로 삼아서 얼마든지 새 낱말을 지을 수 있습니다.

- ● 작은 숲 하나를 온전히 울안에 들여논 **대가(大家)**들을 지나
- → 작은 숲 하나를 오롯이 울안에 들여논 **큰 집**들을 지나
- → 작은 숲 하나를 오롯이 울안에 들여논 **큼직한 집**들을 지나
- → 작은 숲 하나를 옹글게 울안에 들여논 **커다란 집**들을 지나
- → 작은 숲 하나를 오롯이 울안에 들여논 **우람한 집**들을 지나

대로(對露)

- 대로(**對露**): ×

사전에도 없는 '대로'라는 낱말을 쓰려니 어쩔 수 없이 묶음
표를 치고 한자를 적어 넣어야 합니다. 일본사람이 쓴 책을
우리말로 옮기면서 일본 말씨를 손질하지 못한 셈이라고 하
겠습니다. 이 보기글은 '러시아한테 전쟁을 일으킨다'나 '러
시아로 쳐들어간다'로 손질해 주면 한결 낫습니다.

- 10년 후 일본은 **대로(對露)**전쟁을 일으킨다
- → 열 해 뒤에 일본은 **러시아한테** 전쟁을 일으킨다
- → 열 해 뒤 일본은 **러시아와** 전쟁을 하기로 한다
- → 열 해 뒤 일본은 **러시아와** 전쟁을 벌인다
- → 열 해 뒤 일본은 **러시아로** 쳐들어간다

대미(大尾)

- **대미(大尾):** 어떤 일의 맨 마지막. '맨 끝'으로 순화 ≒ 대단원
- **대단원(大團圓):** 1. = 대미(大尾) 2. [문학] 연극이나 소설 따위에서, 모든 사건을 해결하고 끝을 내는 마지막 장면

사전 뜻풀이처럼 '맨 끝'이라 적으면 됩니다. 이제는 '맨끝'을 한 낱말로 삼아서 쓸 만하기도 합니다. 사전은 '대단원'을 비슷한말로 함께 싣는데, 이 한자말도 '마지막'으로 손질하면 됩니다. 또는 '끝자락'으로 손질할 수 있고, '영화를 마무리하는'이나 '영화를 끝맺는'처럼 써 볼 만합니다.

● 영화의 **대미(大尾)**인 식당 장면에서, 카메라는 아예 작정하고 배우들에게 근접 거리로 다가갑니다

→ 영화 **끝자락**인 식당 이야기에서, 촬영기는 아예 대놓고 배우한테 가까이 다가갑니다

→ 영화를 **마무리하는** 식당 이야기에서, 촬영기는 아예 대놓고 배우한테 가까이 다가갑니다

→ 영화를 **끝맺는** 식당 이야기에서, 촬영기는 아예 대놓고 배우한테 가까이 다가갑니다

도유(塗油)

• **도유(塗油):** 1. = 데유 2. 기름을 바름

영어 'anointing'을 풀이하는 영어사전은 '도유'만 적어 놓습니다. 이러다 보니 영국에서 치르는 의식을 우리말로 옮길 때도 '도유'라는 한자말을 씁니다. 그런데 '도유'라고만 적으면 알아볼 사람이 매우 드무니 묶음표를 치고 '塗油'를 덧달 테지요. 사전에 올림말로 나오지는 않으나 예배당에서는 '기름붓기'라는 말을 흔히 씁니다. '도유'란 바로 '기름붓기'를 가리킵니다. 기름은 '붓는다'고도 할 수 있으나 '바른다'고도 하니 '기름바르기'처럼 새로운 낱말을 지을 수도 있습니다. '기름바르기 · 기름붓기'로 쓰면 매우 쉬울 뿐 아니라 또렷합니다.

● 　영국 왕은 먼저 **도유(塗油)**의 의식을 치르고 대관식 예복을 입는다

→ 　영국 임금은 먼저 **기름 바르는** 의식을 치르고 대관식 옷을 입는다

→ 　영국 임금은 먼저 **기름붓기**를 하고 대관식 옷을 입는다

도찰(盜撮)

- **도찰:** ×
- **도둑:** 남의 물건을 훔치거나 빼앗는 따위의 나쁜 짓. 또는 그런 짓을 하는 사람
- **촬영(撮影):** 사람, 사물, 풍경 따위를 사진이나 영화로 찍음

'도찰'은 사전에 없는 한자말입니다. 이런 낱말을 지어서 쓸 수도 있습니다만, 한자를 따로 밝혀야 한다면 한결 쉽고 또렷하게 쓸 만한 우리말이 있는가를 더 생각해 보아야 좋습니다. 이를테면 '도둑찍기'나 '몰래찍기'도 잘 어울립니다. '몰래 찍다'나 '슬며시 찍다', '슬그머니 찍다'처럼 풀어서 쓸 수도 있습니다.

- ● 핸드폰 사진의 좋은 점은 문자를 보내는 척하면서 **도찰(盜撮)**이 가능하다는 것
- → 핸드폰 사진이 좋은 대목은 쪽글을 보내는 척하면서 **몰래 사진을 찍을** 수 있다는 것
- → 손전화는 쪽글을 보내는 척하면서 **슬그머니 사진을 찍을** 수 있어서 좋다
- → 손전화는 쪽글을 보내는 척하면서 **몰래 찍을** 수 있어서 좋다

도화(桃花)

- **도화(桃花):** = 복숭아꽃

사전에 실린 한자말 '도화(桃花)' 말풀이는 "= 복숭아꽃"입니다. '도화'는 우리말이 아닙니다. 우리말은 '복숭아꽃·복사꽃'입니다.

- 옅은 바람이 불 때마다 / **도화(桃花)** 년은 하르르
- → 옅은 바람이 불 때마다 / **복사꽃** 년은 하르르
- → 옅은 바람이 불 때마다 / **복숭아꽃** 년은 하르르

독부(毒婦)

• **독부(毒婦):** 성품이나 행동이 몹시 악독한 여자

'독부'라고만 적으면 가시내(婦)인지 사내(夫)인시 헤아리기 어렵습니다. 이러다 보니 한자를 덧달려고 생각할 수 있습니다만, '모진 여자'나 '매서운 남자'처럼 여자인지 남자인지 밝히면 됩니다. 그리고 어떤 몸짓이나 모습인가를 밝혀 줍니다. '모진'지 '매몰찬'지 '매서운'지 '무서운'지 '무시무시한'지 '끔찍한'지 '차가운'지 알맞게 적어 줍니다.

● 남편을 죽인 이 **독부(毒婦)**에 사회가 발칵 뒤집힌 것은
→ 남편을 죽인 이 **모진 여자** 때문에 사회가 발칵 뒤집힌 까닭은
→ 남편을 죽인 이 **매몰찬 여자** 때문에 사회가 발칵 뒤집힌 까닭은

동(動)

· **동(動)하다:** 1. 어떤 욕구나 감정 또는 기운이 일어나다 2. = 도지다 3. 마음이나 사물이 움직이다

'동하다'라는 외마디 한자말을 써도 되지만 굳이 '動'이라는 한 자를 밝힐 까닭이 없습니다. 이렇게 쓸 바에는 '움직이다·일 어나다·가다·흐르다·바라다' 같은 우리말을 쓰면 됩니다.

● 그냥 내키는 대로 하자. 그냥 마음이 **동(動)**하는 대로
→ 그냥 내키는 대로 하자. 그냥 **마음이 가는** 대로
→ 그냥 내키는 대로 하자. 그냥 **마음이 흐르는** 대로
→ 그냥 내키는 대로 하자. 그냥 **마음이 움직이는** 대로

동사(凍死)

- **동사(凍死):** 얼어 죽음
- **얼어죽다:** ×

"얼어 죽음"을 뜻하는 '동사'라는 한자말이 있다고 해요. 사전을 살피면 '얼어죽다'는 없습니다. 다른 죽음을 놓고도 사전을 살피면 '굶어죽다·빠져죽다·늙어죽다' 같은 낱말은 없습니다. 그렇지만 이러한 뜻을 나타내는 한자말(아사·익사·자연사)은 사전에 나옵니다. 우리가 처음부터 사전에 쉽고 또렷한 낱말을 알맞게 싣는다면, 보기글 '동사(凍死)'처럼 글을 쓸일이 없으리라 생각해요.

- 모진 추위 속에서도 **동사(凍死)**하지 않고 생존할 수 있는 이유 중 하나는
- → 모진 추위에서도 **얼어죽지** 않고 살아남을 수 있는 까닭 가운데 하나는
- → 모진 추위에서도 **얼어붙지** 않고 살아남을 수 있는 까닭이라면

동숙(同宿)

- **동숙(同宿):** 한방 또는 한곳에서 같이 잠

한곳에서 같이 잔다면 '한곳에서 자다'나 '함께 묵다'라고 하면 됩니다. '같이 지내다'나 '함께 지내다'라고도 할 수 있습니다.

- 뜻밖의 **동숙(同宿)**을 하며 모르는 사람끼리 서로 살아온 이야기를 나눈다
- → 뜻밖에 **함께 지내며** 모르는 사람끼리 서로 살아온 이야기를 나눈다
- → 뜻밖에 **함께 자면서** 모르는 사람끼리 서로 살아온 이야기를 나눈다
- → 뜻밖에 **함께 묵으며** 모르는 사람끼리 서로 살아온 이야기를 나눈다
- → 뜻밖에 **같이 지내는 동안** 모르는 사람끼리 서로 살아온 이야기를 나눈다

동토(凍土)

- **동토(凍土):** 1. 얼어붙은 땅. '언 땅'으로 순화 2. 인간의 자유를 극도로 억압하여 사상이나 행동이 부자유스러운 곳을 비유적으로 이르는 말 3. [지리] = 툰드라

얼어붙은 땅을 한자말 '凍土'로 적는다고 합니다. 사전은 '언 땅'으로 고쳐쓰라고 풀이합니다. 가만히 헤아린다면 '언땅'을 새롭게 한 낱말로 삼을 만합니다. 또는 '얼음땅'으로 새말을 지을 수 있고, '언나라·얼음나라'나 '언누리·얼음누리'처럼 써 보아도 될 테고요.

- 꽁꽁 얼어붙고 있다. **동토(凍土)**가 따로 없다
→ 꽁꽁 얼어붙는다. **언땅**이 따로 없다
→ 꽁꽁 얼어붙는다. **얼음땅**이 따로 없다

동해(東海)

- **동해(東海):** 1. 동쪽에 있는 바다 2. [지명] 우리나라 동쪽의 바다 3. [지명] 황해(黃海) 남쪽에 있는 바다

한국은 세 곳을 바다가 둘러쌉니다. 동해, 서해, 남해입니다. 이러한 바다를 놓고 '동해·서해·남해'처럼 쓰면 됩니다. 구태여 한자를 붙여야 하지 않습니다. '동해'라고만 쓰기에는 모자라다 싶으면 '동쪽 바다'나 '동녘 바다'로 고쳐쓸 수도 있습니다.

- 짙푸른 **동해(東海)**는 금방이라도 거대한 파도를 만들어 북쪽으로 달리는 길을 집어삼킬 것같이 으르렁거리고 있다
→ 짙푸른 **동해**는 곧 커다란 물결을 일으켜 북쪽으로 달리는 길을 집어삼킬 듯이 으르렁거린다
→ 짙푸른 **동녘 바다**는 곧 너울을 일으켜 북쪽으로 달리는 길을 집어삼킬 듯이 으르렁거린다
→ 짙푸른 **동쪽 바다**는 곧 너울을 일으켜 북쪽으로 달리는 길을 집어삼킬 듯이 으르렁거린다

동화(同化)

- **동화(同化):** 1. 성질, 양식(樣式), 사상 따위가 다르던 것이 서로 같게 됨 2. 밖으로부터 얻어 들인 지식 따위를 완전히 자기 것으로 만듦

서로 같아진다고 할 적에 한자말로 '동화'를 쓰는데 그냥 '같아진다'고 하면 됩니다. '한동아리가 되다'나 '하나가 되다'라고도 할 수 있고, '하나되다'도 써 볼 만합니다. 보기글에서는 '한마음·한뜻·하나'로 손질할 수 있고, '어우러짐·어깨동무'로 적어도 됩니다.

- 하지만 모두가 웃음으로 만날 수 있다면 '차이'라는 것은 더 이상 낯설지 않은 '**동화(同化)**'의 한 단계에 불과할 뿐이다
→ 그렇지만 모두가 웃음으로 만날 수 있다면 '다름'이란 더는 낯설지 않은 '**하나 되는**' 첫걸음일 뿐이다
→ 그러나 모두가 웃음으로 만날 수 있다면 '다름'은 더는 낯설지 않은 '**한마음**'으로 가는 첫발일 뿐이다

두한족열(頭寒足熱)

- **두한족열(頭寒足熱)**: 머리는 차게 두고 발은 덥게 하는 일

전통의학에서 '두한족열'이라는 말을 쓴다고 하는데, 좀 아리송합니다. 우리 겨레 옛 의학이라면 여느 사람이 흔히 쓰는 쉬운 말로 이야기할 테니까요. 옛날에는 아마 "머리는 차게 발은 따뜻하게"처럼 말하지 않았을까요? 이를 한자로 옮기려니 '두한족열'이라는 말이 생겼을 테고요. 보기글에서 '두한족열(頭寒足熱)'은 통째로 덜 만합니다. '머리는 차게 발은 따뜻하게'처럼 따옴표를 붙여도 됩니다.

● 전통의학에서 말하는 온돌방의 큰 장점은 머리는 차게 하고 발은 따뜻하게 하라는 **두한족열(頭寒足熱)** 원리가 적용된다는 점이다

→ 전통의학에서는 온돌방이 **머리는 차게 하고 발은 따뜻하게 하라는 얼개대로** 되기에 크게 좋다고 말한다

→ 전통의학은 **머리는 차게 하고 발은 따뜻하게 하라는** 대로 따르는 온돌방이 크게 좋다고 말한다

→ 전통의학은 온돌방이 '**머리는 차게 발은 따뜻하게**'를 따르니 크게 좋다고 말한다

류(流)

• **-류(流)**: '그 특성이나 독특한 경향'의 뜻을 더하는 접미사

어떠한 모습이나 흐름을 보여줄 적에 한자 '流'를 붙이기도 합니다. '流'는 '흐르다'를 뜻하므로 '흐름·물결'이라 할 만합니다. '-같은·닮은', '바람'을 넣을 수도 있고, 아무것도 안넣어도 됩니다. '한류가 불다'는 '한물결이 인다'나 '한바람이 불다'라 해도 되고, '한국이 퍼진다'나 '한국이 나부낀다', '한국이 드날린다'처럼 붙임말 없이 써도 됩니다.

- 스키타이**류(流)** 쐐기형 대형을 재빨리 받아들여 벌써부터 실전에 응용하네요
→ **스키타이** 쐐기꼴 얼개를 재빨리 받아들여 벌써부터 싸움에 쓰네요
→ **스키타이** 쐐기꼴 줄짓기를 재빨리 받아들여 벌써부터 잘 쓰네요
→ **스키타이 같은** 쐐기꼴 줄짓기를 재빨리 받아들여 벌써부터 잘 쓰네요

마음의 눈(心眼)

- **심안(心眼):** 사물을 살펴 분별하는 능력. 또는 그런 작용 ≒ 마음눈
- **마음눈:** = 심안(心眼)

'심안'이라는 한자말은 사전에 나오는데 '마음눈'이라는 비슷한말이 있다고 덧붙입니다. 사전은 '마음눈'을 풀이하며 "= 심안"으로 적습니다. 퍽 아쉽습니다. 뜻풀이는 우리말 '마음눈'에 붙여야 올바를 텐데요. 보기글은 '마음의 눈'으로 잘 적은 뒤에 군더더기를 붙이고 맙니다. 굳이 한자로 '心眼'을 붙여야 했을까요? 오히려 보기글은 '마음눈'으로 적으며 '-의'를 덜어야 올바릅니다.

- 전에도 말했잖아요. **마음의 눈(心眼)으로** 본다고
- → 예전에도 말했잖아요. **마음으로** 본다고
- → 예전에도 말했잖아요. **마음눈으로** 본다고
- → 예전에도 말했잖아요. **마음에 있는 눈으로** 본다고

만삭(滿朔)

- **만삭(滿朔):** 아이 낳을 달이 다 참. 또는 달이 차서 배가 몹시 부름

아이를 밴 어머니 모습 가운데 '배가 부른' 모습을 힘주어 말하고 싶으면 '잔뜩 부른 배를 안고'로 적으면 됩니다. 달이 거의 차서 곧 아이가 나올 듯한 느낌을 나타내고 싶으면 '달이 거의 찬 배를 안고'로 적으면 됩니다.

- 2차 대전에서 일본이 점점 밀리기 시작하던 8월 초, 아내는 **만삭(滿朔)**이 된 배를 안고 고향 시골집으로 해산의 길을 떠났고

→ 2차 대전에서 일본이 차츰 밀리던 8월 첫머리, 아내는 **잔뜩 부른** 배를 안고 고향 시골집으로 아기를 낳으러 떠났고

→ 2차 대전에서 일본이 조금씩 밀리던 8월 첫머리, 아내는 **달이 거의 찬** 배를 안고 고향 시골집으로 아기를 낳으러 떠났고

말(言)

- 言: ×

'말'이라고만 적으면 입으로 읊는 말이랑 짐승인 말이랑 헷갈릴까 봐 이처럼 적었는지 모릅니다. 그러나 우리말은 길고 짧은 소리로 '말'을 가르고, 흐름에 따라서도 두 낱말을 가릅니다. 보기글에서 '말'이라고만 적을 때에 흐름이 엉뚱해질 수 있겠다 싶으면 '내가 하는 말'이나 '내가 읊는 말', '내가 들려주는 말', '내가 쓰는 말', '내가 적은 말', '내가 외치는 말', '내가 품은 말'처럼, '나'와 '말' 사이에 알맞게 징검돌을 놓습니다. 또는 '말소리·말마디·낱말·말씨·싯말·노랫말'처럼 적을 수 있습니다.

- ● 여기서 나의 **말(言)**은 풀 한 포기 흔들지 못한다
- → 여기서 **내 말마디**는 풀 한 포기 흔들지 못한다
- → 여기서 **내 말소리**는 풀 한 포기 흔들지 못한다
- → 여기서 **내가 읊는 말**은 풀 한 포기 흔들지 못한다
- → 여기서 **내가 하는 말**은 풀 한 포기 흔들지 못한다
- → 여기서 **내가 외는 말**은 풀 한 포기 흔들지 못한다

맹금(猛禽)

- **맹금(猛禽):** 수릿과나 맷과의 새와 같이 성질이 사납고 육식을 하는 종을 통틀어 이르는 말

보기글에서는 어린이가 '맹금'이라고만 하면 못 알아들을 수 있으리라 여겨 묶음표를 치고 한자를 넣고서 '사나운 새'라고 따로 풀이를 달았습니다. 그러나 고장말에는 '사납다'를 바탕으로 한 '사납빼기'나 '사납이'가 있습니다. 사나운 사람을 나타내는 낱말입니다. 사나운 짐승이라면 '사납짐승', 사나운 새라면 '사납새'라 할 만합니다. '사나우니까 사납짐승이고, 사나우니까 사납고양이야'라고 말하면 어린이도 고개를 끄덕이리라 봅니다.

- 맹수가 땅 위에서 최강자라면, 하늘을 지배하는 동물은 바로 **맹금(猛禽)**이야. '사나운 새'라는 뜻의 맹금은
→ 맹수가 땅에서 가장 세다면, 하늘을 다스리는 짐승은 바로 **맹금**이야. '사나운 새'라는 뜻인데
→ 사납짐승이 땅에서 가장 세다면, 하늘을 다스리는 짐승은 바로 **사납새**야. '사나운 새'라는 뜻인데

면벽(面壁)

- **면벽(面壁):** [불교] 벽을 마주 대하고 좌선함 ≒ 벽관

벽을 볼 적에 '면벽'이라는 한자말을 쓰기도 합니다. 사전은 '벽관(壁觀)'이란 비슷한말을 싣고 "= 면벽"으로 풀이합니다. 보기글에서는 '면벽'에 '面壁'이라는 한자를 덧답니다. 이보다는 '벽보기'라든지 '벽을 보는'이라 적으면 쉽고 깔끔하겠지요. 묶음표를 쳐서 한자를 넣기보다는 처음부터 쉽게 풀어서 적으면 한결 나으리라 봅니다. 이제는 '벽보기'도 한 낱말로 사전에 실을 만하기도 합니다. '−보기'를 뒷가지로 삼아 '거울보기·마주보기·서로보기·마음보기·겉보기·앞보기'처럼 써 볼 만합니다.

- 내가 그동안 겪은 일들을 다시 호출하여 그 의미를 재음미하는 방식이었다. 나만의 **면벽(面壁)** 명상인 셈이다

→ 내가 그동안 겪은 일을 다시 끌어내어 그 뜻을 곱씹는 셈이었다. 내 나름대로 **벽보기** 명상인 셈이다

→ 내가 그동안 겪은 일을 다시 끌어내어 그 뜻을 되새기는 셈이었다. 내 깜냥껏 **벽을 보는** 명상인 셈이다

명기(明器)

- **명기(明器):** 장사 지낼 때 죽은 사람과 함께 묻는 기명(器皿). 그릇, 악기, 생활 용구 따위의 기물을 무덤에 함께 묻으려고 실물보다 작게 상징적으로 만든다
- **기명(器皿):** 살림살이에 쓰는 그릇을 통틀어 이르는 말

죽은 사람을 땅에 묻을 적에 넣는 그릇을 한자말로 '명기(明器)'라 한답니다. 그런데 '명기'라 하든 '명기(明器)'나 '明器'라 하든 알아보기 어렵습니다. 한자를 달아 준들, 한자로만 적는들, 이 낱말이 무엇을 가리키는지는 좀처럼 헤아릴 길이 없지요. 이때에는 '무덤그릇'이나 '주검그릇'처럼 뜻이 잘 드러나도록 새롭게 낱말을 지으면 좋으리라 생각합니다. 또는 '무덤에 있는 그릇'이나 '무덤에 함께 묻은 그릇'이나 '주검과 함께 묻은 그릇'처럼 수수하게 적어 볼 수 있습니다.

- 무덤 속 **명기(明器)**처럼 가만히 엎드려 있구나
→ 무덤에 있는 **그릇**처럼 가만히 엎드렸구나
→ 주검하고 **함께 묻은 그릇**처럼 가만히 엎드렸구나
→ 땅에 **같이 묻은 그릇**처럼 가만히 엎드렸구나
→ **무덤그릇**처럼 가만히 엎드렸구나

명징(明澄)

- **명징(明澄):** 깨끗하고 맑음 ≒ 징명

사전은 한자말 '명징'을 "깨끗하고 맑음"으로 풀이하고 "≒ 징명(澄明)"처럼 비슷한말을 싣습니다. '징명'은 "= 명징"으로 풀이합니다. '명징·징명'은 '깨끗하고 맑음'을 가리키는 셈인데 깨끗하거나 맑다면 '깨끗하다·맑다'로 쓰면 됩니다.

- 명상이 가져다 줄 지극히 **명징(明澄)**한 정신의 영역에 대한 기대도 없지 않았기 때문이다
→ 명상이 **매우 맑은** 마음으로 이끌어 주리라 바라기도 했기 때문이다
→ 명상이 **아주 맑은** 마음밭으로 이끌어 주리라 바라기도 했기 때문이다
→ 명상을 하며 **몹시 맑은** 마음이 되리라 바라기도 했기 때문이다

모자(母子)

- **모자(母子):** 어머니와 아들을 아울러 이르는 말 ≒ 자모(子母)
- **자모(子母):** = 모자(母子)
- **어이아들:** 어미와 아들을 아울러 이르는 말

어머니와 아들을 아우를 적에는 우리말로 '어이아들'이라 하고, 어머니하고 딸을 아우를 적에는 '어이딸'이라 하며, 이를 한자말로 '모자·모녀'라 합니다. 보기글은 어머니하고 아들을 아우르는 낱말로 '모자'를 쓰면서 다른 말하고 헷갈릴까 싶어 한자를 붙였습니다. 우리말로 '어이아들'이 있으니 이 낱말을 쓰면 될 테고, 수수하게 '어머니와 아들'이라고 써도 됩니다.

- 뚜벅뚜벅 걸어오는 **모자(母子)**의 모습이 눈에 들어왔다
- → 뚜벅뚜벅 걸어오는 **어이아들** 모습이 눈에 들어왔다
- → 뚜벅뚜벅 걸어오는 **어머니와 아들** 모습이 눈에 들어왔다
- → 뚜벅뚜벅 걸어오는 **어머니와 아들**이 눈에 들어왔다

못(池)

- **못**: 넓고 오목하게 팬 땅에 물이 괴어 있는 곳. 늪보다 작다
- **호수(湖水)**: 땅이 우묵하게 들어가 물이 괴어 있는 곳. 못이나 늪보다 훨씬 넓고 깊다

할머니 한 분이 "못 있는 동네"라고 이야기를 합니다. 이 이야기를 듣는 사람들은 할머니가 무슨 '못'을 말한다고 생각했을까요? 설마 망치로 박는 못을 생각할까 봐 '池'라는 한자를 달았을까요? '못'이라고만 할 적에 헷갈린다 싶으면 '못(못물)'이나 '못(논밭에 쓸 물을 가둔 곳)'처럼 풀이말을 붙여 주면 됩니다. 또는 못이 있는 마을이라는 뜻으로 '못마을'이라 할 만합니다.

- 청도 가면 **못(池)** 있는 동네에 이가가 많았어요
→ 청도 가면 **못** 있는 마을에 이 씨가 많았어요
→ 청도 가면 **못마을**에 이씨가 많았어요

무(無)

- **무(無):** 1. 없거나 존재하지 않는 상태 2. [불교] = 공무(空無) 3. 운동 경기에서, 비긴 횟수를 세는 단위

"무에서 유를 창조하다"라고 말하는 분이 꽤 있습니다. 이는 '없는 것에서 새롭게 짓다', '맨주먹으로 짓다', '빈손으로 해내다'를 가리킵니다. 사전에 나오듯이 '無'는 '없'거나 '존재하지 않는'을 가리키는데, 한자말 '존재(存在)'는 '있음'을 뜻합니다. 그러니 그저 '없다(없음)'라고 하면 됩니다. 보기글은 "아무것도 없던 무"라고 하니 겹말이 되기도 합니다.

- 그 결과 아무것도 없던 **무(無)**에서 암석 박물관과 지질학 도서관이 세워지게 되었다
- → 그리하여 아무것도 **없던 곳**에서 암석 박물관과 지질학 도서관이 섰다
- → 그리하여 아무것도 **없는 벌판**에서 암석 박물관과 지질학 도서관이 설 수 있었다
- → 이리하여 아무것도 **없었는데** 암석 박물관과 지질학 도서관이 섰다
- → 이리하여 **텅 빈 땅**에서 암석 박물관과 지질학 도서관이 설 수 있었다

무경운(無耕耘)

- **무경운**: ×
- **경운(耕耘)**: [농업] 논밭을 갈고 김을 맴 ≒갈이

사전에 '무경운'은 없습니다. 굳이 쓸 만하지 않기에 없을 수
있습니다. '경운'이라는 한자말은 나오고, 이는 '경운기' 같은
자리에 씁니다. '경운'이 '갈이'를 뜻하니, '경운기 = 땅갈이
기계'인 셈입니다. 땅을 갈기에 '갈이'라 한다면 땅을 안 갈
적에는 '안갈이'처럼 새말을 지을 수 있습니다. 수수하게 '안
갈다'나 '갈지 않다'라고만 해도 됩니다.

- 밭을 사람의 힘으로 뒤집거나 고르게 만드는 과정을 하지 않고 재배하
  는 것을 **무경운(無耕耘)** 재배라고 해요
- → 밭을 사람 힘으로 뒤집거나 고르게 하는 일을 하지 않고 키울 적에 **안
  갈고** 키운다고 해요
- → 밭을 사람 힘으로 뒤집거나 고르게 하는 일을 하지 않고 키울 적에 **갈지
  않고** 키운다고 해요

무명(無名)

- **무명(無名):** 1. 이름이 없거나 이름을 모름 2. 이름이 널리 알려져 있지 않음

이름이 없으면 '이름 있는'이라 하면 됩니다. 이름을 모르면 '이름 모를'이라 하면 됩니다. 알려지지 않았으면 '알려지지 않은'이나 '안 알려진'이라 하면 됩니다.

- ● 내가 사랑하는 것은 **무명(無名)**의 풍경이다
- → 내가 사랑하는 것은 **이름 없는** 풍경이다
- → 내가 사랑하는 것은 **알려지지 않은** 모습이다
- → 나는 **낯선** 모습을 사랑한다
- → 나는 **안 알려진** 모습을 사랑한다

무심(無心)

- **무심(無心):** 감정이나 생각하는 마음이 없음

'마음이 없음'을 한자말 '무심'으로 적을 수 있지만, 말 그대로 '마음이 없다'로 적어도 됩니다. 또는 '마음을 비우다'나 '마음을 깨끗이 하다'로 적어도 되며, '무덤덤하다'나 '덤덤하다'도 쓸 만합니다. '덤덤하다'가 큰말이라면 '담담하다'는 여린말입니다.

- 그러자면 용기와 어느 정도의 **무심(無心)**이 필요하다
- → 그러자면 웬만큼 씩씩하고 **무덤덤**해야 한다
- → 그러자면 꽤 기운차고 **마음을 비워**야 한다

무애(無碍)

- **무애(無碍):** 1. [불교] 막히거나 거치는 것이 없음 2. [예술] = 무애무

'碍'라는 한자는 '거리끼다', '설리나', '서지직거리다'를 가리 킵니다. 그런데 '무애'라고만 적거나 '무애(無碍)'처럼 적어도 선뜻 알아보기 어렵습니다. '막힘없이·거침없이'로 적어야 비로소 쉽게 알아볼 수 있습니다. 하늘을 거침없이 난다고 할 적에는 '마음껏·홀가분하게·가볍게' 난다고 할 수도 있 습니다.

- 시는 근원적으로 **무애(無碍)**한 비상을 꿈꾸지만, 그것이 빚어지는 공 간은 오히려 비상을 불가능하게 만드는 조건들로 이루어지기 마련이다
- → 시는 무릇 **거침없이** 날기를 꿈꾸지만, 시를 빚는 곳은 오히려 날지 못 하게 하는 것들로 이루어지기 마련이다
- → 시는 무릇 **마음껏** 날기를 꿈꾸지만, 시를 빚는 곳은 오히려 날지 못하게 하는 것들로 이루어지기 마련이다

무적(無敵)

- **무적(無敵):** 매우 강하여 겨룰 만한 맞수가 없음. 또는 그런 사람

맞수가 없다면 '맞수가 없다'고 하거나 '맞설 사람이 없다'고 하면 됩니다. 보기글은 이를 '무적이 되다'라고 적으며 '無敵'을 덧붙였습니다. 맞설 사람이 없다는 뜻은 아무도 무서워하거나 두려워하지 않는 모습입니다. 그러니 '무서움이 없다'나 '두려움이 사라졌다'로 손질해 볼 만합니다. '씩씩하다 · 기운차다'도 잘 어울립니다.

- 죽었다 살아난 경험 덕분에 나는 꽤 오랫동안 **무적(無敵)**이 된 것 같았다
- → 죽었다 살아난 일 때문에 나는 꽤 오랫동안 **씩씩했던** 듯하다
- → 죽었다 살아났기에 나는 꽤 오랫동안 **기운차게** 지냈던 듯하다
- → 죽었다 살아난 일을 겪었기에 나는 꽤 오랫동안 **무서움이 없던** 듯했다
- → 죽었다 살아났으니 나는 꽤 오랫동안 **무서운 줄 몰랐던** 듯하다

미식(美食)

- **미식(美食):** 좋은 음식. 또는 그런 음식을 먹음

'좋은 밥'을 뜻하는 한자말이 '미식'이라고 합니다. 처음부터 '좋은 밥'이라고 하면 쉽게 알아들을 수 있는데 굳이 '미식'으로 옮기니 아리송하고, 아리송하다 보니 한자를 덧답니다. '美食'으로 적으면 더 아리송할 수 있습니다. 우리나라에서는 미국을 한자 '美'로 적으니 미국 밥인지 좋은 밥인지 헷갈립니다. 좋은 밥이라면 '좋은 밥'이라 하면 되고, 미국 밥이라면 '미국 밥'이라 하면 됩니다.

- **미식(美食)**에만 탐닉할 것이 아니라
- → **좋은 밥**에만 빠져들 것이 아니라
- → **맛난 밥**에만 빠져들 것이 아니라

민초(民草)

- **민초(民草):** '백성'을 질긴 생명력을 가진 잡초에 비유하여 이르는 말
- **잡초(雜草):** = 잡풀
- **잡풀(雜-):** 가꾸지 않아도 저절로 나서 자라는 여러 가지 풀. 농작물 따위의 다른 식물이 자라는 데 해가 되기도 한다
- **들풀:** 들에서 나는 풀을 통틀어 이르는 말

'민초·잡초·잡풀'로 이야기를 엮기보다는 들에서 자라는 풀이라는 '들풀'을 바탕으로 '들사람' 같은 낱말을 새롭게 생각하며 쓸 수 있습니다. 들풀이란 들에서 자라는 풀이면서, 어느 한 나라를 이루는 수수한 사람이라고 할 만합니다.

- ● 까마중이란 놈은 우리 주위에 나는 가장 흔한 풀이면서도 뛰어난 약효를 지니고 있는 우리의 **민초(民草)**임에 틀림없다
- → 까마중이란 놈은 우리 둘레에서 나는 가장 흔한 풀이면서도 뛰어난 약으로 쓰던 우리 **겨레 들풀**이다
- → 까마중이란 놈은 우리 곁에서 나는 가장 흔한 풀이면서도 뛰어난 약으로 쓰던 우리 **들사람** 같은 풀이다
- → 까마중은 우리 곁에서 나는 가장 흔한 풀이면서도 뛰어난 약으로 쓰던 우리네 **살가운 들풀**이다

밀어(密語)

- **밀어(密語):** 1. 못 알아듣게 비밀히 말함. 또는 그렇게 하는 말

비밀히 말한다면 한자말로 '밀어'라 할 수 있겠지요. 그런데 못 알아듣게 말하는 몸짓을 나타내는 '속닥거리다·속닥대다'가 있습니다. '속삭이다'나 '수군거리다·수군대다'도 있고요. '密語'라는 한자를 밝힌다고 해서 알아듣기에 좋지 않습니다. 알 수가 없다는 뜻으로 '수수께끼 말'이라 할 만한데, '속삭임말'이나 '수군말'이나 '속닥말'처럼 새롭게 낱말을 지을 수도 있습니다.

- 뿌리칠 수 없는 이 사기꾼의 **密語**들아
- → 뿌리칠 수 없는 이 속임꾼 **수수께끼** 말들아
- → 뿌리칠 수 없는 이 속임쟁이 **속삭임**아
- → 뿌리칠 수 없는 이 속임쟁이 **속닥거림**아

박색(薄色)

- **박색(薄色):** 아주 못생긴 얼굴. 또는 그런 사람. 흔히 여자에게 많이 쓴다

'박색'이라는 한자말은 "아주 못생긴 얼굴"을 가리킨다고 합니다. 이 한자말을 아는 사람이야 그냥 쓸 테지만, 모르는 사람이 많을 테니 보기글에서는 '박색(薄色)'처럼 한자를 붙였겠지요. 그러면 이렇게 한자를 붙이더라도 '박색'이나 '薄色'이 무엇인지는 어떻게 헤아릴 수 있을까요? 처음부터 '못생긴 여자'나 '못난 여자'라 하면 됩니다. 보기글을 더 살피면 "박색의 여자가 색을 흘리며"처럼 '색'이라는 한자를 잇달아 쓰며 가락을 맞추는구나 싶습니다. 이처럼 꼭 가락을 맞추어 글을 써야겠다면 어쩔 수 없지만, '못생긴 여자가 웃음을 흘리며'처럼 쉽게 써도 얼마든지 시나 문학이 되겠지요.

- 박색(薄色)의 여자가 색을 흘리며 자오선을 지날 때
- → **못생긴** 여자가 웃음을 흘리며 자오선을 지날 때
- → **못난** 여자가 웃음을 흘리며 자오선을 지날 때

박재(薄才)

• **박재(薄才)**: 변변하지 못한 재주. 또는 그 재주를 가진 사람

재주가 없는 사람은 '재주가 없나', 미련한 사람은 '미련둥이'라고 하면 됩니다. 바보스러운 사람은 '바보'입니다. 이 자리에서는 '내가 바보라서 한숨을 쉬었다'나 '내가 미련둥이라서 가슴이 미어졌다' 같은 말로 풀어낼 만합니다. '내가 멍청이라서 한숨을 쉬었다'라든지 '내가 멍청해서 한숨을 쉬었다'로 풀어내도 어울립니다.

● 나는 나의 **박재(薄才)**에 한탄했다
→ 나는 내가 **재주가 없기** 때문에 한숨을 쉬었다
→ 나는 내가 **바보 같아서** 가슴을 쳤다
→ 나는 내가 **미련하구나** 싶어서 눈물을 흘렸다
→ 나는 내가 **어리석구나** 싶어서 눈물을 흘렸다

반(反)

- **반-(反)**: 1. '반대되는'의 뜻을 더하는 접두사 2. '그것에 반대하는'의 뜻을 더하는 접두사
- **반대(反對)**: 1. 두 사물이 모양, 위치, 방향, 순서 따위에서 등지거나 서로 맞섬. 또는 그런 상태 2. 어떤 행동이나 견해, 제안 따위에 따르지 아니하고 맞서 거스름

'반대'를 가리키는 한자 '反'이라고 합니다. 한자말 '반대'를 살피면 "따르지 않는"이나 "맞서 거스르는"을 뜻한다고 합니다. 보기글은 "反 전쟁시"처럼 한자를 그대로 드러내는데, 우리가 입으로 말할 적에는 '반 전쟁시'일 뿐입니다. 글에서는 한자를 보여준다지만 말에서는 아무것도 못 보여줍니다. 이 얼거리를 살필 수 있다면, 보기글은 적어도 '전쟁 반대 시'라 할 수 있습니다. 느낌을 뚜렷이 드러내고 싶으면 '전쟁 싫은 시'나 '전쟁에 맞서는 시', '전쟁은 꺼지라는 시'라 해 볼 만합니다.

- 나는 이 시집에 묶인 시들을 **反** 전쟁시라고 부르고 싶다
- → 나는 이 시집에 묶은 시를 전쟁 **반대** 시라 하고 싶다
- → 나는 이 시집에 묶은 시를 전쟁이 **싫은** 시라 하고 싶다
- → 나는 이 시집에 묶은 시를 전쟁은 **꺼지라는** 시라 하고 싶다

발(足)

- **족(足):** 1. 식용하는 소나 돼지 따위의 무릎 아랫부분 2. 사람의 발이나 다리를 낮잡아 이르는 말 3. 버선, 양말 따위의 짝이 되는 두 개를 한 벌로 세는 단위

발은 '발'이라 하고, 다리는 '다리'라 하면 됩니다. 많은 사람이 '족발'을 먹는다고 말하는데, '돼지발'을 먹는다고 해야 올바릅니다. '족을 고아 먹다'가 아닌 '발을 고아 먹다'라 해야, '양말 한 족'이나 '신 두 족'이 아닌 '양말 한 켤레'나 '신 두 켤레'라 해야 맞습니다. '수족(手足)'도 덧없는 말씨입니다. 우리말로는 '손발'이라고 하면 됩니다.

- 지식·지성·교양·염치 따위는 인간이 다만 네 **발(足)**로써가 아니라 두 발로 걷는 동물이라는 겉치레에 지나지 않았다
→ 지식·지성·교양·염치 따위는 사람이 다만 네 **발**로써가 아니라 두 발로 걷는 짐승이라는 겉치레에 지나지 않았다

발아(發芽)

- **발아(發芽):** 1. [식물] 초목의 눈이 틈 2. [식물] 씨앗에서 싹이 틈 ≒ 싹트기·아생(芽生)

싹이 트기에 '싹트다'라 합니다. 눈이 트면 '눈트다'라 하고, 움이 트면 '움트다'라 합니다. 이대로 알맞게 살펴서 적으면 됩니다.

- 씨앗에서 **발아(發芽)**한 시점을 식물의 생일이라고 할 때
- → 씨앗에서 **싹튼** 때를 식물 생일이라고 할 때
- → 씨앗에서 **싹이 튼** 때를 식물 생일이라고 할 때

방광(放光)

• **방광(放光)**: 1. 빛을 내쏨. 또는 그 빛 2. [불교] 부처가 광명을 냄

한자말 '방광'은 "빛을 내쏨"이나 "광명을 냄"을, '광명(光明)'은 "밝고 환함. 또는 밝은 미래나 희망을 상징하는 밝고 환한 빛"을 뜻합니다. 불교에서 쓰는 '광명'은 '빛'을 가리키고, '방광'은 그저 '빛을 냄'을 가리키는 셈입니다. 보기글에는 "방광(放光)의 기적" 앞에 "환한 광명이 뿜어져 나오는"이라 나옵니다. 이는 '환한 빛이 뿜어져 나오는 + 빛을 내쏘는 기적'인 얼거리로 겹말입니다. '환한 빛이 뿜어져 나오는 기적' 또는 '환한 빛줄기가 뿜어져 나오는'이나 '환한 빛살이 뿜어져 나오는'으로 손봅니다.

● 유리상자 안의 개 이빨에서 환한 광명이 뿜어져 나오는 **방광(放光)**의 기적이 일어나게 됩니다

→ 유리상자에 담은 개 이빨에서 **환한 빛줄기가 뿜어져 나오는** 기적이 일어납니다

→ 유리상자에 둔 개 이빨에서 **환한 빛이 뿜어져 나오는** 놀라운 일이 일어납니다

방생(放生)

- **방생(放生):** 사람에게 잡힌 생물을 놓아주는 일

잡힌 생물을 '놓아주는' 일을 불교에서는 '방생'이라는 한자말로 나타냅니다. 곰곰이 보면 이는 불교에서 쓰는 한자말이라기보다 불교에서 밝히는 뜻을 한자로 적었을 뿐이로구나 싶습니다. '놓아주기'라 하거나 '풀어주기'라 해야 비로소 말뜻이 또렷하게 드러나지 않을까요? 보기글을 살피면 "자연으로 돌려보내는"이라는 말마디를 앞에 적었으니 '방생(放生)'을 아예 빼도 됩니다.

● 사로잡힌 생물을 자연으로 돌려보내는 **방생(放生)**이라는 불교 의식을 통해서도

→ 사로잡힌 생물을 **자연으로 돌려보내는** 불교 의식으로도

→ 사로잡힌 생물을 **자연으로 풀어주는** 불교 의식으로도

→ 사로잡힌 생물을 **자연으로 놓아주는** 불교 의식으로도

방하착(放下着)

- **방하착**: ×

사선에 '방하착'은 안 나옵니다. 불교에서 닐리 쓰는 닙밀이라고 합니다. 아마 한문으로 적은 불경에 나오는 글월이겠지요. 그러면 한국사람이 읽는 불경에서는 우리말로 옮겨야 하지 않을까요? 한국에서 성경을 읽는 분이 라틴말이 아니라 우리말로 옮긴 글월을 성경말로 삼듯이 말입니다. '내려놓아라·내려놓기·내려놓다'를 쓰면 됩니다.

- 내려놓아라. **방하착(放下着)**. 널리 알려진 이 불교용어가 나에게 구체적으로 찾아와 힘을 발휘한 것은

→ **내려놓아라. 내려놓아라.** 널리 알려진 이 불교말이 나한테 깊이 찾아와 힘을 낸 때는

→ **내려놓아라.** 널리 알려진 이 불교말이 나한테 살갗으로 찾아와 힘을 낸 때는

별사(別辭)

- **별사(別辭):** 1. 이별의 말 2. 그 이외의 말

'별사'는 "이별의 말"이라 하는데, '이별(離別)'은 '헤어지는' 일을 가리킵니다. "별사(別辭)의 웅얼거림"이라면 '헤어지는 웅얼거림'일 테지요. '별사'라고만 쓰면 어떤 말인지 모를 수 있어서 '別辭'를 덧붙이지만 이렇게 써도 알아듣기는 어렵습니다. 처음부터 '헤어지는'으로 쓰면 쉽게 알 수 있습니다.

- 베갯모에 스며든 **별사(別辭)**의 웅얼거림
- → 베갯모에 스며든 **헤어지는** 웅얼거림
- → 베갯모에 스며든 **헤어지며** 웅얼거리는 말

병중(病中)

- **병중(病中):** 병을 앓고 있는 동안
- **앓다:** 1. 병에 걸려 고통을 겪다 2. 마음에 근심이 있어 괴로움을 느끼다

'病中'을 덧달기보다는 그냥 '병에 걸렸다'고 하면 됩니다. 병이 들었으면 '병이 들었다'고 하면 됩니다. '아프다고 들어서'나 '앓는다고 들어서'로 손볼 수도 있습니다. '앓다'라는 낱말은 병에 걸려서 괴로운 모습을 나타냅니다.

- **병중(病中)**이라고 들어서 무척이나 가난한 줄 알았더니
- → **아프다**고 들어서 무척이나 가난한 줄 알았더니
- → **아픈 몸이라**고 들어서 무척이나 가난한 줄 알았더니
- → **앓는다**고 들어서 무척이나 가난한 줄 알았더니
- → **앓는 몸이라**고 들어서 무척이나 가난한 줄 알았더니

보루(堡壘)

- **보루(堡壘)**: 1. [군사] 적의 침입을 막기 위하여 돌이나 콘크리트 따위로 튼튼하게 쌓은 구축물 2. 지켜야 할 대상을 비유적으로 이르는 말

군사 낱말로 쓰는 '보루'라면 한글로 '보루'라고만 적어도 됩니다. 따로 한자를 단다고 해서 더 잘 알아볼 만하지 않습니다. 그리고 '지킴터'나 '지킴자리'처럼 새 낱말을 지으면 한결 나으리라 생각합니다. 사전을 살피면 둘째 말뜻으로 "지켜야할 대상"이라 다루니, 때로는 '지킬거리·지킬 것·지킬 곳'처럼 손질해 볼 만합니다.

- 오동꽃이 할 말이 있는 것처럼 피었는데 나는 그것이 **보루(堡壘)**인 줄 알았다
→ 오동꽃이 할 말이 있는 듯이 피었는데 나는 이 꽃이 **지킴자리**인 줄 알았다
→ 오동꽃이 할 말이 있는 듯이 피었는데 나는 이 꽃이 **지킴터**인 줄 알았다
→ 오동꽃이 할 말이 있는 듯이 피었는데 나는 이 꽃이 **지킬 곳**인 줄 알았다

복개(覆蓋)

- **복개(覆蓋):** 1. 덮거나 씌우는 것 2. [건설] 하천에 덮개 구조물을 씌워 겉으로 보이지 않도록 함

덮거나 씌우는 일을 한자말로 옮겨 '복개'라고 합니다. 덮을 적에는 '덮다·덮어씌우다'라 하고, '덮개를 씌우다', '뚜껑을 덮다', '위를 막다'라 해도 됩니다. 서울 청계천을 두고 한때 '복개천'이라고도 했는데 이는 '덮은 냇물·덮인 냇물'이라는 뜻입니다.

- 한국 같으면 **복개(覆蓋)하여** 주차장이나 도로 같은 또 하나의 커다란 실적을 쌓았을

→ 한국 같으면 **덮어씌워** 주차장이나 길 같은 또 다른 커다란 실적을 쌓았을

→ 한국 같으면 **뚜껑을 덮어** 주차장이나 길 같은 또 다른 커다란 실적을 쌓았을

→ 한국 같으면 **덮개를 씌워** 주차장이나 길 같은 또 다른 커다란 실적을 쌓았을

복수(複數)

- **복수(複數):** 1. 둘 이상의 수 2. [수학] 두 자리 이상의 수 ≒ 겹자리 3. [언어] 둘 이상의 사람이나 사물의 동작이나 상태를 나타내는 언어 형식. 명사·대명사 및 그것을 받는 동사·형용사 따위에 반영되는데, 국어에서는 명사·대명사에 '들'이 붙어 복수를 만든다 ≒ 거듭셈·겹셈

둘이 넘는 수를 가리키는 한국말로 '여러·여럿'이 있습니다. '복수'라는 한자말을 쓰려니 뜻은 다르되 소리가 같은 낱말하고 헷갈릴까 싶어 '복수(複數)'처럼 쓰고 마는데, 이렇게 쓰면 더욱 아리송합니다. 보기글에서는 '여러 목소리'나 '여러 단체', '여러 지도자', 또는 '크고작은 목소리'나 '크고작은 단체'로 손볼 수 있습니다.

- 그러한 정권들한테는 **복수(複數)는** 붕괴의 서막이고 중앙 통제의 약화니까 용납할 수 없는 것이다
- → 그러한 정권한테는 **여럿이 있으면** 무너질 빌미이고 중앙 통제가 안 되니까 받아들일 수 없다
- → 그러한 정권한테는 **여러 목소리는** 무너질 빌미이고 중앙에서 다스리기 어려우니까 받아들일 수 없다

복원(復元)

- **복원(復元/復原):** 원래대로 회복함
- **원래(元來):** = 본디
- **본디(本-):** 사물이 전하여 내려온 그 처음
- **회복(回復):** 원래의 상태로 돌이키거나 원래의 상태를 되찾음

"원래대로 회복함"이 '복원'인데, '원래'는 '본디'를 가리키고, '본디'는 '처음'을 가리켜요. '회복'은 '원래'대로 되는 모습을 가리킨다고 합니다. '복원 = 원래대로 원래대로 됨'을 뜻하는 셈이니 돌림풀이입니다. 그래도 '원래'라는 한자말이 '처음(첫 모습)'을 나타내는 줄 알 수 있으며, 처음대로 되도록 하는 일이란 '되살리기'나 '살리기', '돌리기'이지요. '복원(復元)'이라 적지 말고 '되살리다'나 '살리다'라 적으면 됩니다.

- 더욱이 확실한 사실을 바탕으로 불확실한 사실들을 **복원(復元)**·구성 해 나아가는 게 역사학의 정상적인 방법이라 한다면

→ 더욱이 뚜렷한 이야기를 바탕으로 두루뭉술한 이야기를 **되살리고** 엮는 길이 역사학에서 제길이라 한다면

→ 더욱이 틀림없는 이야기를 바탕으로 아리송한 이야기를 **살려내고** 여미 는 길이 역사학에서 참길이라 한다면

복토(覆土)

- **복토(覆土):** 1. [농업] 씨를 뿌린 다음 흙을 덮음. 또는 그 흙. '흙덮기'로 순화 2. 흙을 덮음

'복토'는 일본 한자말입니다. 우리말로 수수하게 '흙덮기'라고 하면 됩니다. 풀을 덮을 적에도 일본 한자말을 따서 '초토'라고 하기보다는 '풀덮기'라 하면 좋으리라 생각합니다.

- ● 파종을 한 뒤에는 **복토(覆土)**를 하고, 풀을 덮어놓는다
- → 씨뿌리기를 한 뒤에는 **흙덮기**를 하고, 풀을 덮어놓는다
- → 씨를 뿌린 뒤에는 **흙을 덮고**, 풀을 덮어놓는다

부성(父性)

- **부성(父性):** 남성이 아버지로서 가지는 정신적·육체적 성질. 또는 그런 본능

'부성·모성'이란 아버지 같거나 어머니 같은 모습이나 마음결을 나타냅니다. 아버지 같을 적에는 '아버지다움'이라 할 만합니다. 어머니 같을 적에는 '어머니다움'이라 할 만합니다. '아버지스러움·어머니스러움'처럼 '−스러움'을 붙일 수 있습니다. 보기글에서는 '같은'이나 '−처럼·같이'를 붙일 수 있습니다.

- 목사 같은 언변에 도올 같은 박식함과 **부성(父性)**이 흐르는 엄격한 목소리
→ 목사 같은 말솜씨에 도올 같은 똑똑함과 **아버지다움**이 흐르는 엄격한 목소리
→ 목사 같은 말재주에 도올 같은 똑똑함과 **아버지같이** 뚝뚝한 목소리

부재(不在)의 존재(存在)

- **부재(不在):** 그곳에 있지 아니함
- **존재(存在):** 1. 현실에 실제로 있음

'부재'는 '있지 않다'나 '없다'고 하면 됩니다. 보기글에서 "부재(不在)의 존재(存在)"는 '不在の存在'라는 일본말과 닮았습니다. 우리말로 적으면 '없는 것이 있음'입니다. '없다 · 있다' 두 낱말로 이야기를 이끌 수 있습니다. '있는 것이 없다'라든지 '있을 만한 것이 있다', '없을 만하니 없다'처럼 적으면서 생각을 나타낼 만합니다. 보기글에서는 '무언가 없기에'나 '텅 비었기에'처럼 적어도 됩니다.

- '우리'의 **부재(不在)**를 모르고
→ '우리'가 **없는 줄** 모르고
→ '우리'가 **있지 않은 줄** 모르고

- 현실에서도 **부재(不在)의 존재(存在)**가 사람 마음을 뒤흔드는 경우를 더러 경험하게 된다
→ 삶에서도 **없는 것이 있기에** 사람 마음을 뒤흔드는 때를 더러 겪는다
→ 우리 삶에서도 **무언가 없기에** 사람 마음을 뒤흔드는 때를 더러 겪는다

부정(父情)

- **부정(父情):** 자식에 대한 아버지의 정

딸아들을 생각하는 아버지 마음을 한자말로는 '부정', 어머니 마음은 '모정'이라 적습니다. 우리말로는 '아버지(어머니) 마음·아비(어미) 마음·아빠(엄마) 마음'이라 할 수 있습니다. 한 낱말로 간추려 '아비맘·어미맘'처럼 쓸 수 있습니다. '아이마음·아이사랑'을 비롯해서 '어른마음·어른사랑', '아빠마음·아빠사랑', '엄마마음·엄마사랑' 같은 말을 즐겁게 써 보아요.

● 딸내미한테 용돈 주고 싶은 마음과 카츠키의 권투하는 모습이 보고 싶은 마음. 일석이조의 **부정(父情)**이라구

→ 딸내미한테 용돈 주고 싶은 마음과 카츠키가 권투하는 모습이 보고 싶은 마음. 두 가지를 생각하는 **아버지 마음**이라구

→ 딸내미한테 용돈 주고 싶은 마음과 카츠키가 권투하는 모습이 보고 싶은 마음. 둘을 생각하는 **아버지 사랑**이라구

→ 딸내미한테 살림돈 주고 싶은 마음과 카츠키가 권투하는 모습이 보고 싶은 마음. 둘 모두 바라는 **아버지 뜻**이라구

→ 딸내미한테 살림돈 주고 싶은 마음과 카츠키가 권투하는 모습이 보고 싶은 마음. 둘 다 어우러진 **아버지 생각**이라구

부패(腐敗)

- **부패(腐敗):** 1. 정치, 사상, 의식 따위가 타락함 2. [화학] 단백질이나 지방 따위의 유기물이 미생물의 작용에 의하여 분해되는 과정

사람이 썩기도 하고, 먹을거리가 썩기도 합니다. 썩을 적에는 '썩다'나 '문드러지다', '썩어 문드러지다' 같은 낱말을 쓰면 됩니다. 썩었는데 '썩다'라는 낱말을 안 쓰고 한자말로 '부패'를 쓰려고 하니 보기글처럼 묶음표를 치고 한자를 넣고 맙니다. 이 보기글에서는 '곰팡이 냄새'로 손질해 볼 수도 있습니다.

- 봄에는 일렁이는 이 어둠 어딘가에서 **부패(腐敗)**의 냄새가 나고, 여름에는 비린 정액의 냄새가 난다
- → 봄에는 일렁이는 이 어둠 어딘가에서 **썩은** 냄새가 나고, 여름에는 비린 정액 냄새가 난다
- → 봄에는 일렁이는 이 어둠 어딘가에서 **썩어 문드러진** 냄새가 나고, 여름에는 비린 정액 냄새가 난다
- → 봄에는 일렁이는 이 어둠 어딘가에서 **곰팡이** 냄새가 나고, 여름에는 비린 씨물 냄새가 난다

분(粉)

· **분(粉):** 1. 얼굴빛을 곱게 하기 위하여 얼굴에 바르는 화장품의 하나 2. = 가루

'가루 분'이라 적은 뒤에 '粉'이라는 한자를 덧붙였습니다. 그런데 '粉 = 가루'이니 '가루 분(粉) = 가루 가루가루'로 적은 셈입니다. '가루'라는 낱말만 잇달아 세 차례입니다. 단출히 '가루'를 한 번 적으면 됩니다. '얼굴가루'라고 써 볼만도 하고요.

● 몰래 찍어 바른 치자 가루 **분(粉)**

→ 몰래 찍어 바른 치자 **가루**

→ 몰래 찍어 바른 치자 **얼굴가루**

분뇨(糞尿)

• **분뇨(糞尿)**: 똥과 오줌을 아울러 이르는 말. '똥오줌'으로 순화

옛날 학자가 쓴 한문책을 요샛말로 옮기면서 '糞尿'라는 한자말을 '분뇨'로 적어 버립니다. 이 대목을 '똥오줌'으로 못 옮길 까닭이 있을까요. 그러고 보니 보기글에서는 '수거(收去)' 같은 한자말도 묶음표를 쳐서 적는군요.

- 성안에서 나오는 **분뇨(糞尿)**를 다 수거(收去)하지 못하여서 더러운 냄새가 길에 가득하다
- → 성안에서 나오는 **똥오줌**을 다 치우지 못하여서 더러운 냄새가 길에 가득하다
- → 성안에서 나오는 **똥과 오줌**을 다 거두지 못하여서 더러운 냄새가 길에 가득하다

불면(不眠)

· **불면(不眠):** 1. 잠을 자지 못함 2. 잠을 자지 아니함

잠을 못 잔다면 '잠을 못 자다'라 하고, 잠들기 힘들면 '잠들기 힘들다'라 하면 됩니다. 여름에 무더운 밤이라 잠이 못 들수 있습니다. 이때에는 '잠 못 드는 밤'이나 '잠 못 이루는 밤'이라 할 만합니다. 또는 '눈뜬잠'이나 '뒤척잠' 같은 말을 지어볼 수 있습니다. 발을 펴고 시원스레 잘 자는 모습을 '발편잠'이라 합니다. 이 낱말을 헤아리면서 '발못편잠' 같은 말을 지어 보아도 되리라 생각합니다.

● 열명이 넘는 사내가 열대야를 펴놓고 장기를 둔 **불면(不眠)** 근처에서

→ 열이 넘는 사내가 무더운 밤을 펴놓고 장기를 둔 **잠 못 이루는 밤** 곁에서

→ 열이 넘는 사내가 무더운 밤을 펴놓고 장기를 둔 **잠들기 힘든 밤** 옆에서

비(非)

- **비(非)-**: '아님'의 뜻을 더하는 접두사
- **비행위**: ×
- **행위(行爲)**: 1. 사람이 의지를 가지고 하는 짓

'아닌'을 나타내려고 한자 '非-'를 앞가지로 삼습니다. 우리말 '아닌-'도 앞가지로 삼아서 '아닌짓·아닌말·아닌놈·아닌글'로 써 보면 재미있으리라 생각합니다. '아닌생각·아닌사랑·아닌마음'으로도 써 볼 만합니다. 보기글에서는 '말이 안 되는 짓'이나 '아무 뜻도 없는 짓'으로 풀어낼 수 있고, '바보짓·못난 짓·엉뚱한 짓'으로 느낌을 살릴 수 있습니다.

- 이 행위는 **비(非)**행위일 수 있습니다
→ 이 짓은 **바보짓**일 수 있습니다
→ 이는 말이 **안 되는 짓**일 수 있습니다
→ 이는 **못난 짓**일 수 있습니다
→ 이는 **엉뚱한 짓**일 수 있습니다
→ 이 짓은 **아무것**도 아닐 수 있습니다
→ 이 짓은 **아무 뜻**도 없을 수 있습니다

비(雨)

· 우(雨): ×

'비'라는 우리말을 그냥 '비'라 안 석고 한사로 '雨'를 넣있습니다. 그렇다면 '눈'을 '눈(雪)'이라고 적고, '하늘'을 '하늘(天)'이라, '땅'을 '땅(大地)'이라 적어야 할까요? '비'라고만 적어 못 알아보겠구나 싶으면 '빗물·빗줄기·빗방울'처럼 쓸 수 있습니다.

- 당신이 **비(雨)**에 익숙하도록
→ 그대가 **비**에 익숙하도록
→ 그대가 **빗물**에 익숙하도록
→ 그대가 **빗줄기**에 익숙하도록

비상(飛上)

- **비상(飛上):** 높이 날아오름
- **비상(飛翔):** 공중을 날아다님. '날기'로 순화

사전에는 '飛上'하고 '飛翔'이라는 한자말이 나옵니다. 앞말은 "높이 날아오름"을 뜻하고, 뒷말은 '날기'로 고쳐써야 합니다. 두 한자말을 한글로만 적으면 헷갈릴 만합니다. 그러나 '비상'이라 하지 않고 '높이 날다·날다'라고 적으면 헷갈릴 일이 없습니다. 보기글에서는 '날아오르다'라고 써도 됩니다.

- 두려움도 부끄러움도 없이, **비상(飛上)**의 본능에 가장 충실한 이 영혼을 보라
- → 두려움도 부끄러움도 없이, **날려는** 몸짓에 가장 걸맞은 이 넋을 보라
- → 두려움도 부끄러움도 없이, 높이 **날려는** 몸짓에 가장 걸맞은 이 넋을 보라
- → 두려움도 부끄러움도 없이, **날아오르려는** 뜻에 가장 걸맞은 이 넋을 보라

사문화(死文化)

· **사문화(死文化):** 법령이나 규칙 따위가 실제적인 효력을 잃어버림. 또는 그렇게 함

제대로 힘을 내지 못힌다고 할 적에는 '힘을 내지 못하다', '힘을 잃다'라고 하면 됩니다. '허울이 되다'나 '빈 껍데기가 되다'라고도 할 수 있습니다. 보기글에서는 이러한 결을 살려서 '사라진'이나 '죽은 조항이 되다'라고도 할 수 있습니다.

● 정년보장이라는 조항은 이미 **사문화(死文化)**된 조항이 된 지 오래되었다

→ 정년보장이라는 조항은 이미 **힘을 잃은** 지 오래되었다

→ 정년보장이라는 조항은 이미 **허울이 된** 지 오래되었다

→ 정년보장이라는 조항은 이미 **빈껍데기가 된** 지 오래되었다

→ 정년보장이라는 조항은 이미 **사라진** 지 오래되었다

사유(思惟)

- **사유(思惟):** 대상을 두루 생각하는 일

'생각'하는 일을 뜻하는 한자말 '사유'에 묶음표를 쳐서 한자를 밝힙니다. 처음부터 '생각'이라고만 쓴다면 묶음표를 쳐서 한자를 밝힐 일이 없을 테지요. 생각은 '생각' 한 마디면 넉넉합니다.

- **사유(思惟)**가 나래 타고 훨훨 창공을 날고
- → **생각**이 나래 타고 훨훨 하늘을 날고
- → 온갖 **생각** 나래 타고 훨훨 하늘을 날고

사후(死後)

한자말 '사후'는 "죽은 뒤"로 고쳐쓸 낱말이라고 합니다. 또는 '죽음 너머', '죽음 다음'으로 고쳐쓸 수 있겠지요. 죽은 뒤에 가는 곳은 '저승'이라 하니 '저승'이라 해도 잘 어울립니다.

● 특히 인류가 수천 년 동안 만들어 놓은 **사후(死後)** 이야기들이 그렇다

→ 더욱이 사람들이 수천 해 동안 만들어 놓은 **죽은 뒤** 이야기들이 그렇다

→ 더구나 사람들이 수천 해 동안 만들어 놓은 **죽음 너머** 이야기들이 그렇다

→ 게다가 사람들이 수천 해 동안 만들어 놓은 **죽음 다음** 이야기들이 그렇다

→ 무엇보다 사람들이 수천 해 동안 만들어 놓은 **저승** 이야기들이 그렇다

산(山)벌

- **산벌:** ×
- **멧벌:** ×

한라산은 '한라산'이지 '한라山'이 아닙니다. 산에 사는 토끼는 '산토끼'이지 '山토끼'가 아닙니다. 보기글에서는 '산벌'이라고만 적으면 헷갈릴까 봐 이렇게 했겠지만 바로 뒤에 '날갯짓소리'라 나오니까 헷갈릴 까닭이 없습니다. 아니면 '멧벌'로 적으면 됩니다. '멧토끼 · 멧나물 · 멧골 · 멧골짝'처럼 '메'에 사이시옷을 붙이면 어느 낱말하고도 골고루 어울릴 뿐아니라 뜻이 아주 또렷합니다.

- 싸리꽃을 애무하는 **산(山)벌**의 날갯짓소리 일곱 근
- → 싸리꽃을 어루만지는 **산벌** 날갯짓소리 일곱 근
- → 싸리꽃을 어루만지는 **멧벌** 날갯짓소리 일곱 근

산정(山頂)

'산정'은 "산꼭대기"로 고쳐쓰라 하는 한사말인데 묶음표까지 쳤습니다. 처음부터 '산꼭대기'나 '멧꼭대기'라고 하면 됩니다. 이 자리에서는 '꼭대기'라고만 해도 되고, 느낌을 헤아려 '봉우리'라고 해도 됩니다.

● 누구는 세상 한가운데 **산정(山頂)**에서 살고 누구는 세상 한 귀퉁이에서 산다

→ 누구는 온누리 한가운데 **꼭대기**에서 살고 누구는 한 귀퉁이에서 산다

→ 누구는 온누리 한가운데 **봉우리**에서 살고 누구는 한 귀퉁이에서 산다

산좌(産座)

- **산좌(産座):** 해산할 자리
- **해산하다(解産-):** 아이를 낳다
- **보금자리:** 1. 새가 알을 낳거나 깃들이는 곳 2. 지내기에 매우 포근하고 아늑한 곳을 비유적으로 이르는 말
- **둥지:** 1. = 보금자리 2. → 둥우리
- **둥우리:** 4. 새 따위가 알을 낳거나 깃들이기 위하여 둥글게 만든 집

새가 알을 낳거나 지내는 곳을 가리키는 이름이 여럿 있습니다. '보금자리'가 있고 '둥지'하고 '둥우리'가 있어요. 이러한 낱말을 안 쓰고 '산좌'라는 한자말을 쓰려 하면서 '産座'라는 한자까지 덧붙입니다. 그러나 이렇게 적은 말마디는 오히려 더 알아보기 어렵지요.

- 안쪽에는 짐승의 털과 수백 개의 작은 깃털로 **산좌(産座)**를 만든다
- → 안쪽에는 짐승 털과 수백에 이르는 작은 깃털로 **둥지**를 꾸민다
- → 안쪽에는 짐승 털과 숱한 작은 깃털로 **둥우리**를 마련한다
- → 안쪽에는 짐승 털과 숱한 작은 깃털로 **보금자리**를 짓는다

상불원천(上不怨天) 하불우인(下不尤人)

- **상불원천**: x
- **하불우인**: x

사전에 없는 말, 그러니까 외국말을 굳이 써야 하지 않습니다. 한국말로 알맞게 풀어서 쓰면 됩니다. 구태여 한문이나 영어, 일본말, 중국말을 앞에 들먹이고 나서 한국말로 풀이를 달아야 하지 않아요. 처음부터 한국말로 이야기를 들려주면 됩니다. '상불원천'이나 '하불우인'이라는 한문을 한자까지 달아서 알려준다 한들 이를 풀어낼 사람은 매우 드뭅니다.

- 군자(君者)는 **상불원천(上不怨天)**이요 **하불우인(下不尤人)**이라, 위로 하늘을 원망하지 않고 아래로 사람(남)을 탓하지 않는다 했거늘
→ 어진이는 **위로 하늘을 못마땅히 여기지 않고 아래로 사람(남)을 탓하지 않는다** 했거늘
→ 어진이는 **하늘을 미워하지 않고 사람을 탓하지 않는다** 했거늘

색(色)

- **색(色):** 1. 빛을 흡수하고 반사하는 결과로 나타나는 사물의 밝고 어두움이나 빨강, 파랑, 노랑 따위의 물리적 현상 2. 같은 부류가 가지고 있는 동질적인 특성을 가리키는 말 3. 색정이나 여색, 색사(色事) 따위를 뜻하는 말 4. [불교] 물질적인 형체가 있는 모든 존재 5. '색깔'의 뜻을 나타내는 말

'色'은 '빛'을 가리키는 한자이며 불교에서는 다른 뜻으로 쓰기도 합니다. 빛을 말하려 하면 '빛'이라 하고, 불교에서 가리키는 "형체가 있는 모든 존재"를 말하려 하면 '모습'이라 하거나 '결·숨결·넋·자리'를 써 볼 만합니다. 또는 '길·말·말씀·마음' 가운데 하나를 골라서 쓸 수 있습니다.

- 노스님 입적(入寂)하시고 비로소 제 **색(色)** 찾은 거라네
- → 늙은 스님 돌아가시고 비로소 제 **빛** 찾았다네
- → 큰스님 떠나시고 비로소 제 **모습** 찾았다네
- → 큰스님 떠나시고 비로소 제 **결** 찾았다네

생목(生木)

- **생목(生木):** = 생나무
- **생나무(生-):** 1. 살아 있는 나무 2. 베어 낸 지 얼마 안 되어서 물기가 아직 마르지 아니한 나무 ≒ 날나무·날목·생목

'생나무'라는 낱말이 있습니다. 굳이 '목'이라는 한자를 쓰면서 '木'을 달지 않아도 됩니다. '생'이라는 한자도 '날'이라는 우리말을 쓰면 됩니다. '산 나무'라든지 '살아 숨 쉬는 나무'나 '싱싱한 나무'로도 써 볼 만합니다.

- 혹은 누렇게 구워지고 함께 지나가는 **생목(生木)** 같은 어둠을 잘라낸다
→ 또는 누렇게 구워지고 함께 지나가는 **날나무** 같은 어둠을 잘라낸다
→ 때로는 누렇게 구워지고 함께 지나가는 **산 나무** 같은 어둠을 잘라낸다

생사(生死)

- **생(生):** 1. = 삶 2. [불교] 십이 연기의 하나. 세상에 태어나는 일을 이른다 3. [북한어] (부사적으로 쓰여) 전혀 또는 생판
- **사(死):** = 죽음

살기에 '삶'이요, 죽기에 '죽음'입니다. '삶과 죽음'이나 '사는지 죽는지', '사느냐 죽느냐', '살는지 죽을는지', '사는 길과 죽는 길'이라 적을 수 있습니다. '생사' 같은 한자말은 '삶죽음'으로 손질해 줍니다.

- 긴 창 앞세우고 단 한 번 부딪힘으로 **생(生)**과 **사(死)**가 갈리는 시간
- → 긴 창 앞세우고 딱 한 번 부딪혀서 **삶과 죽음**이 갈리는 때
- → 긴 창 앞세우고 딱 한 번 부딪혀서 **사는지 죽는지** 갈리는 때
- → 긴 창 앞세우고 딱 한 번 부딪혀서 **사느냐 죽느냐** 갈리는 때

생애(生涯)

- **생애(生涯):** 1. 살아 있는 한평생의 기간
- **한평생(-平生):** 살아 있는 동안

'생애'는 "살아 있는 한평생의 기간"을 가리키고, '한평생'은 "살아 있는 동안"을 가리킨다니, '생애' 말풀이는 '살아 있는 살아 있는 동안의 기간'이란 꼴로 겹말풀이입니다. 살아서 있다고 하기에 '삶'입니다. '생애'는 '삶'으로, '한평생'은 '한삶'으로 손보면 될 만합니다. 보기글에서는 '목숨·나날·숨결'로 적어 보아도 어울립니다.

- 깨갱! 개의 그 짧은 생애(生涯)도 끝이 났다
- → 깨갱! 개는 그 짧은 **삶**도 끝이 났다
- → 깨갱! 개는 그 짧은 **나날**도 끝이 났다
- → 깨갱! 개는 그 짧은 **목숨**도 끝이 났다

생활(生活)

• **생활(生活):** 1. 사람이나 동물이 일정한 환경에서 활동하며 살아감 2. 생계나 살림을 꾸려 나감 3. 조직체에서 그 구성원으로 활동함 4. 어떤 행위를 하며 살아감. 또는 그런 상태

한자말 '생활'은 삶이나 살림을 나타냅니다. 보기글은 묶음표도 안 치고 '生活'이라 적는데 '삶·살림'으로 손질해 주면 좋겠습니다.

●   이건 **生活**이 아니라 숫제 자학이다

→   이는 **삶**이 아니라 숫제 제살깎기이다

→   이는 **살림**이 아니라 숫제 제몸깎기이다

서안(書案)

- **서안(書案):** 1. 예전에, 책을 얹던 책상 2. 문서의 초안
- **책상(冊床):** 앉아서 책을 읽거나 글을 쓰거나 사무를 보거나 할 때에 앞에 놓고 쓰는 상

'서안'은 나무로 짜서 방에 놓고 책을 읽는 자리로, 오늘날 책상과 쓰임새가 같겠지요. 예스러움을 드러내고 싶거나 참말 오래된 살림살이를 가리킬 때 쓸 수 있습니다. 다만 그냥 책상을 말하려 했다면 '책상', 옛 살림살이를 말하려 했다면 '서안(책상)'처럼 쓸 수 있겠지요. 아니면 '오랜 책상·묵은 책상'이라고도 할 수 있습니다. 덧붙여 한자말 '서안'은 '책(書) + 책상(案)' 얼거리입니다. 그러니 '서안 = 책책상'인 꼴입니다.

- ● **서안(書案)** 위에 두툼한 서책 같은 것 쌓이지 않았어도
- → **책상**에 두툼한 책 같은 것 쌓이지 않았어도
- → **책상맡**에 두툼한 책 따위 쌓이지 않았어도

선용(善用)

• **선용(善用):** 알맞게 쓰거나 좋은 일에 씀. '바르게 씀'으로 순화

'바르게 씀'으로 고쳐쓸 한자말이라니 굳이 한자를 덧달지 말고 '바르게 씀'으로 적으면 됩니다. '옳게 쓰다'나 '올바로 쓰다', '참답게 쓰다', '착하게 쓰다', '슬기롭게 쓰다', '잘 쓰다'로 고쳐써도 됩니다.

● 그 권력을 **선용(善用)**함으로써 사회를 바꾸겠다는 것이 핵심이죠

→ 그 권력을 **바르게 써**서 사회를 바꾸겠다는 대목이 고갱이죠

→ 그 권력을 **옳게 써**서 사회를 바꾸겠다는 뜻이 고갱이죠

→ 그 권력을 **착하게 써**서 사회를 바꾸겠다는 뜻이 고갱이죠

→ 그 권력을 **참답게 써**서 사회를 바꾸겠다는 뜻이 고갱이죠

→ 그 권력을 **좋게 써**서 사회를 바꾸겠다는 뜻이 고갱이죠

선인(善人)

- **선인(善人):** 선량한 사람

'선인'은 "선량한 사람"을 뜻한다 하고, '선량(善良)'은 "행실이나 성질이 착함"을 뜻한다고 합니다. 그러니 '선인 = 착한 사람'입니다. 한자말로 '선인'이라 쓰기보다는 '착한 사람·착한이'라고 쓰면 됩니다. '좋은이·나쁜이'로 새말을 지어서 써 볼 만하기도 합니다.

- 뭐 하는 인간인가 수상쩍던 공주님은 미워하는 게 죄라는 **선인(善人)**이니
- → 뭐 하는 사람인가 아리송하던 공주님은 미워하는 게 잘못이라는 **착한 분**이니
- → 뭐 하는 사람인가 알쏭달쏭하던 공주님은 미워하면 잘못이라는 **착한 사람**이니

선후(先後)

• **선후(先後):** 1. 먼저와 나중을 아울러 이르는 말 2. 앞서거니 뒤서거니 함

앞이기에 앞이요, 뒤이기에 뒤입니다. 앞하고 뒤를 아우르면 '앞뒤'예요. '앞뒤'라 적으면 헷갈리거나 못 알아볼 일이 없습니다. '앞뒤(先後)'처럼 글을 쓸 일이 없을 테지요. '앞'을 굳이 '先'이라 적거나, '뒤'를 구태여 '後'라 적지 않으면 됩니다.

● 승부도 가경에 접어들면 한 수의 **선후(先後)**가 전황을 좌우하는 법이니까

→ 장기판이 한창 달아오르면 한 수 놓는 **앞뒤** 말이 흐름을 크게 바꾸기 마련이니까

→ 장기판이 한창 달아오르면 한 수 **앞뒤**로 놓는 말이 흐름을 크게 바꾸기 마련이니까

설(說)

• **설(說):** 견해, 주의, 학설, 통설 따위를 이르는 말

'說'이라는 한자는 '발씀'을 가리킵니다. '말씀'으로 손볼 수 있고, '생각 · 뜻 · 말 · 소리 · 이야기 · 얘기'로 손볼 만합니다. 한자로 '說'을 밝혀서 적기보다는 쉬운 말을 넣어 주면 됩니다.

● 그 정도 시간을 보낸 뒤에야 동물과 같이 사는 문제에 관해 **설(說)**을 풀 때

→ 그즈음 시간을 보낸 뒤에야 짐승과 같이 사는 일을 놓고 **이야기**를 풀 때

→ 그만큼 지낸 뒤에야 짐승과 같이 사는 일을 놓고 **얘기**를 풀 때

→ 그만큼 살고 난 뒤에야 짐승과 같이 사는 **이야기**를 풀 때

설산(雪山)

- **설산(雪山):** 1. 눈이 쌓인 산 ≒ 눈산·옥산(玉山) 2. [불교] 불교 관련 서적 따위에서, '히말라야 산맥'을 달리 이르는 말 ≒ 설옹산
- **눈산(-山):** 1. = 설산 2. 눈이 많이 쌓여 산처럼 된 것

눈이 쌓인 산이면 '설산'도 '雪山'도 아닌 '눈산'이라 하면 됩니다. 눈이 쌓이기에 '눈길'이고, 눈을 쌓아서 '눈집'입니다. 멧골에 살아서 '멧토끼 · 멧돼지'라 하듯이 '눈메'나 '눈뫼' 같은 낱말을 새롭게 써 볼 수 있습니다.

- ● 먼 **설산(雪山)**이나 알함브라 궁전보다 화려한
- → 먼 **눈산**이나 알함브라 궁전보다 아름다운
- → 먼 **눈메**나 알함브라 궁전보다 아리따운
- → **눈 덮인 먼 산**이나 알함브라 궁전보다 눈부신
- → **눈 쌓인 먼 산**이나 알함브라 궁전보다 고운

소(小)

- **소-(小)**: '작은'의 뜻을 더하는 접두사

작을 적에는 '작은'을 앞가지로 붙일 수 있습니다. 한자 '小'만 앞가지로 삼아야 할 까닭이 없습니다. 그러나 한국말사전은 '작은-'을 올림말로 안 다룹니다. 보기글은 "소(小)동물"처럼 적는데, 일본에서는 '小動物·大動物' 같은 말을 쓰는지 몰라도, 한국에서는 이런 말을 안 씁니다. '작은 동물·큰 동물'이나 '작은 짐승·큰 짐승'이라 하면 됩니다.

- 논밭은 거기에 살고 있는 풀이나 **소(小)**동물 등이 생사의 순환을 반복함에 따라 해마다 더욱 비옥해진다
→ 논밭은 거기에 사는 풀이나 **작은** 짐승 들이 살고 죽는 삶을 되풀이하면서 해마다 더욱 기름져진다
→ 논밭은 거기에 사는 풀이나 **조그마한** 짐승이 죽살이를 되풀이하면서 해마다 더욱 기름진다
→ 논밭은 거기에 사는 풀이나 **쪼끄만** 짐승이 죽살이를 되풀이하면서 해마다 더욱 기름진다

소색(素色)

• 소색(素色): ×

한자말 '소색(素色)'은 사전에 안 나옵니다. 다만 한자 '素'는 '희다'를 뜻합니다. 그래서 '소복(素服)'은 '흰옷'을 가리킵니다. '素色'이라는 낱말을 쓰지 않고 그저 '흰빛'이라 쓰면 됩니다. 또는 '배꽃빛'이나 '딸기꽃빛 · 찔레꽃빛'처럼 하얀 빛깔 꽃빛을 이야기해 볼 수 있습니다.

● 무성한 나무들이 보여줄 수 없는 그 무엇. 근본이라 할지, 근원이라 할지, 원래의 것에 아무것도 보태지 않은 **소색(素色)**의 모습을 하고 있는 그이들은 참 착하고 부드럽고 무엇보다 섬세했다

→ 우거진 나무들이 보여줄 수 없는 그 무엇. 밑뿌리라 할지, 밑바탕이라 할지, 처음 모습에 아무것도 보태지 않은 **하얀 빛깔**로 있는 그이들은 참 착하고 부드럽고 무엇보다 찬찬했다

→ 우거진 나무들이 보여줄 수 없는 그 무엇. 뿌리라 할지, 바탕이라 할지, 처음 모습에 아무것도 보태지 않은 **찔레꽃빛** 같은 그이들은 참 착하고 부드럽고 무엇보다 찬찬했다

소요(逍遙)

· **소요(逍遙)**: 자유롭게 이리저리 슬슬 거닐며 돌아다님

'소요하다'는 '슬슬 서닐다'나 '슬슬 돌아다니다'를 가리킵니다. 이 한자말을 쓰고 싶으면 쓸 노릇이지만 이 말마디를 모르는 사람도 제법 있습니다. 이러다 보니 묶음표를 치고 '逍遙'라 적어 보지만 이렇게 한들 알아보기는 쉽지 않습니다. 말뜻처럼 '거닐다'나 '돌아다니다'라 하면 헷갈리거나 모를 일이 없을 뿐 아니라 한자를 덧달 일이 없습니다. '마실·나들이'로 쓸 수도 있습니다.

● 우리 가족은 케냐에서와 다름없이 **소요(逍遙)**하며 살았다

→ 우리 식구는 케냐에서와 비슷하게 **슬슬 거닐며** 살았다

→ 우리 식구는 케냐에서처럼 **슬슬 돌아다니며** 지냈다

→ 우리 식구는 케냐에서 하듯이 **슬슬 마실을 다니며** 지냈다

수도(手刀)

- **수도(手刀):** x
- **손칼:** x
- **しゅとう(手刀):** (태권도 등에서) 수도; 춉(chop)
- **손날:** 손바닥을 폈을 때, 새끼손가락 끝에서 손목에 이르는 부분

한국말사전에 '수도'라는 한자말은 없습니다. 일본말사전에는 'しゅとう(手刀)'가 나오고, 이를 '수도'나 '춉'으로 풀이합니다. 우리말로 옮긴 책은 이 일본말사전을 그대로 따라서 '수도'로 적는구나 싶어요. 그러나 우리말로 제대로 옮기려면 적어도 '손칼'이라 해야겠지요. 또는 '손날'이라 하든지요. '손으로 베기'나 '손으로 자르기'나 '손으로 끊기'라 해 보아도 됩니다.

- "나도 갈래!" "**수도(手刀)**!"
- → "나도 갈래!" "**손칼**!"
- → "나도 갈래!" "**손날**!"
- → "나도 갈래!" "**손으로 베기**!"

수마(睡魔)

• **수마(睡魔)**: 견딜 수 없이 오는 졸음을 악마에 비유하여 이르는 말

견딜 수 없이 잠이 쏟아질 적에 '수마'라고도 한다지요. 이는 '잠(睡) + 악마(魔)' 얼거리입니다. 우리말로는 '잠 + 악마'라든지 '잠 + 귀신'이라든지 '잠 + 도깨비(깨비)' 같은 얼개로 새 말을 지어 볼 수 있습니다. 보기글에서는 '쏟아지는 잠'이나 '견딜 수 없는 잠'으로 적어 볼 만합니다.

● **수마(睡魔)**와 악전고투하는 모양이다
→ **잠귀신**과 힘겹게 싸우는 듯하다
→ **잠깨비**랑 힘겹게 싸우는 듯하다
→ **잠**이랑 힘들게 싸우는 듯하다
→ **쏟아지는 잠**을 힘겨이 쫓는 듯하다

수목장(樹木葬)

- **수목장**: x
- **수목(樹木)**: 1. 살아 있는 나무 2. [식물] 목본 식물을 통틀어 이르는 말
- **-장(葬)**: '장례'의 뜻을 더하는 접미사

'수목장'은 한국말사전에 없습니다. 백과사전에는 이 낱말이 나오며, 1999년 무렵 스위스에서 처음 받아들였다고 합니다. 주검을 불로 사른 뒤에 뼛가루를 나무 둘레에 뿌리는 일이라고 하지요. 그런데 보기글은 '수목장'이라고도 안 하면서 '樹木葬'으로만 적었습니다. 이를 잘 알아볼 만할까요? '뼛가루를 나무 곁에 뿌린다'처럼 수수하게 손질해도 좋겠고, 짧게 '뼛가루묻이'라고도 할 수 있습니다. 나무 곁에 뼛가루를 뿌리는 일이니 '나무묻이'라 할 수 있고, 이 말씨를 살려서 '바다묻이·시내묻이·숲묻이'처럼 써 볼 수도 있습니다.

- 초록에 햇빛 반짝이는 날 나를 **樹木葬** 하고 싶다고?
- → 풀빛에 햇빛 반짝이는 날 **내 뼛가루를 나무 곁에 뿌리고** 싶다고?
- → 풀빛에 햇빛 반짝이는 날 **내 뼛가루묻이를** 하고 싶다고?
- → 풀빛에 햇빛 반짝이는 날 **나를 나무묻이** 하고 싶다고?
- → 풀빛에 햇빛 반짝이는 날 **나를 나무 밑에 묻고** 싶다고?

수신(修身)

• **수신(修身):** 악을 물리치고 선을 북돋아서 마음과 행실을 바르게 닦아 수양함

몸하고 마음을 바르게 닦는다는 '수신'을 '닦다'나 '갈고닦다'로 손볼 수 있습니다. 보기글에서는 "몸가짐과 말을 삼가는 수신"이라 하니 '몸가짐과 말을 삼가거나 바르게 닦는'이라든지 '몸과 말을 삼가거나 갈고닦는'으로 손볼 수 있고, 더 단출하게는 '몸과 말을 삼가는'이나 '몸과 말을 갈고닦는'처럼 손볼 수 있습니다.

● 당신들의 몸가짐과 말을 삼가는 **수신(修身)**의 의식을 날마다 치러내는 신앙이라니

→ 이녁 **몸짓과 말을 삼가는** 의식을 날마다 치러내는 믿음이라니

→ 이녁 **몸과 말을 삼가고 바르게 닦는** 일을 날마다 치러내는 믿음이라니

→ 이녁 **몸짓과 말을 바르게 가다듬**는 일을 날마다 치러내는 믿음이라니

수심(愁心)

· **수심(愁心):** 매우 근심함. 또는 그런 마음 ≒ 수의(愁意)

근심한다고 할 적에는 '근심'이라 하면 되고, 걱정한다고 할 적에는 '걱정'이라 하면 됩니다. 이를 한자말 '수심'으로 옮기거나 '수심(愁心)'처럼 적으면 외려 알아보기 어렵습니다. 한글 '수심'으로 적는 한자말이 무척 많아 '手心·水心·水深·水潯·守心·垂心·修心·殊甚·樹心·獸心' 같은 낱말이 사전에 줄줄이 나오는데요. 가만히 보면 이 한자말 '수심' 가운데 우리가 쓸 만한 낱말은 아예 없다고 할 만합니다. 한국말로 찬찬히 생각하면서 이야기를 지피면 좋겠습니다.

● 고통의 부력은 그 **수심(愁心)**에 따르는가
→ 괴로이 뜨는 힘은 그 **근심**에 따르는가
→ 괴로워 뜨는 힘은 그 **걱정**에 따르는가

수작(秀作)

- **수작(秀作)**: 우수한 작품
- **우수하다(優秀-)**: 여럿 가운데 뛰어나다

사전에는 '수작'으로 적은 한글을 놓고 다섯 가지 한자말이 있다고 나옵니다. '手作·秀作·授爵·授爵·酬酌'입니다. 이 렇게 한자로만 적어 놓으면, 이 다섯 낱말이 어떻게 다르거나 무엇을 뜻하는지 알 만할까요? 다섯 가지 가운데 '秀作' 은 "우수한 작품"을 뜻한다고 합니다. '우수'도 한자말인데, 사전에는 모두 열두 가지 한자말 '우수'가 있습니다. 이 열두 가지 가운데 사람들이 알아보거나 쓰는 낱말은 몇이나 될까요? '수작 = 우수한 작품 = 뛰어난 작품'인 셈입니다. 처음부터 '뛰어난 작품'이라 하면 됩니다. '멋진 작품'이나 '훌륭한 작품·아름다운 작품·대단한 작품'이라 쓸 수도 있습니다.

- 전반부처럼만 이야기를 이끌어 마무리하면 **수작(秀作)**이 탄생하리라
- → 앞쪽처럼만 이야기를 이끌어 마무리하면 **멋진 작품**이 태어나리라
- → 앞쪽처럼만 이야기를 이끌어 마무리하면 **훌륭한 작품**이 나오리라
- → 앞쪽처럼만 이야기를 이끌어 마무리하면 **뛰어난 작품**이 되리라

수차(水車)

- **수차(水車):** 1. = 물레방아 2. = 무자위 3. [기계] 물의 에너지를 이용하여 원동력을 얻는 수력 터빈의 회전자
- **물레방아:** 떨어지는 물의 힘으로 바퀴를 돌려 곡식을 찧거나 빻는 기구

보기글은 일본책을 우리말로 옮기다가 나오는데, 일본사람이 쓴 책에는 한자 '水車'로 적을는지 모르나, 이를 한국사람이 읽을 책에 옮길 때는 '물레방아'로 적어야 올바릅니다. 또는 '물방아'라 할 수 있습니다. '물레방아·물방아'가 있는데 한자말 '수차'를 적으려니 그만 한자를 덧달고 맙니다.

- "그리고 **수차(水車)**를 좋아한다더군." "수차?"
- → "그리고 **물레방아**를 좋아한다더군." "물레방아?"
- → "그리고 **물방아**를 좋아한다더군." "물방아?"

수초(水草)

- **수초(水草):** [식물] 물속이나 물가에 자라는 풀 ≒ 물풀
- **물풀:** [식물] = 수초(水草)

사전은 '수초'를 "물속이나 물가에 자라는 풀"로 풀이하면서 비슷한말 '물풀'을 다룹니다. 그러나 '물풀'은 뜻풀이를 안 하고 "= 수초"로 다룹니다. 이는 옳지 않습니다. '수초 → 물풀'로 다루고, '물풀'을 풀이해야 비로소 우리말 사전답습니다. 물에서 사는 풀이니 물풀이고, 들에서 살기에 들풀이며, 멧골에서 살면 멧풀, 숲에서 살면 숲풀입니다.

● **수초(水草)**들 털에 걸린 양떼구름을 집단으로 습격하는 물고기떼

→ **물풀**들 털에 걸린 양떼구름을 한꺼번에 덮치는 물고기떼

수택(手澤)

- **수택(手澤):** 1. 손이 자주 닿았던 물건에 손때가 묻어서 생기는 윤기 2. 물건에 남아 있는 옛사람의 흔적
- **손때:** 오랫동안 쓰고 매만져서 길이 든 자국

'윤기'는 "반질반질하고 매끄러운 기운"이라는데, 이는 '손때'를 잘 탈 적에 나타납니다. 사전에 '손빛'이라는 낱말은 안 나오지만 보기글에서 말하는 손길을 잘 받아서 빛이 나는 모습을 '손빛'으로 나타내 볼 만합니다. 또는 '손길빛'이나 '손때빛'처럼 써 볼 수 있습니다.

- 그 전엔 소유만으로도 가슴 뿌듯하게 했던 땅들이 당연히 사랑을 듬뿍 받아서, 논둑이나 밭둑은 반듯하고 탄탄하여 거의 **수택(手澤)**이 났었다
- → 예전엔 가지기만 해도 가슴 뿌듯하게 했던 땅이 마땅히 사랑을 듬뿍 받아서, 논둑이나 밭둑은 반듯하고 탄탄하여 거의 **손빛**이 났다
- → 예전엔 가지기만 해도 가슴 뿌듯하게 했던 땅이 마땅히 사랑을 듬뿍 받아서, 논둑이나 밭둑은 반듯하고 탄탄하여 거의 **손길 탄 빛**이 났다

습(習)

• 習: ×

보기글에 나오는 '습(習)'은 한자입니다. 사전에 안 실리기도 하지만 한국사람이 쓸 만한 말이 아닙니다. 한자말 '습관'을 줄여서 '습'이라 쓰기도 한다는데 '버릇'으로 고쳐쓰거나, '익히다'나 '배우다'로 손질할 수 있습니다. 이 자리에서는 '몸짓'으로 손질해도 됩니다.

● 학습도 습관 들이기가 중요하지만, 삶의 전반이 어떤 '**습(習)**'을 어떻게 들이느냐에 인생의 성패가 달려 있다고 봐도 좋을 것이다

→ 배울 때에도 버릇을 잘 들여야 하지만, 살아갈 때에도 어떤 **버릇**을 어떻게 들이느냐에 따라 잘 되거나 안 되거나가 갈린다고 봐도 좋다

→ 배울 때에도 버릇을 잘 들여야 하지만, 살아갈 때에도 어떤 **버릇으로 배우**느냐에 따라 잘 되거나 안 되거나가 갈린다고 봐도 좋다

→ 배울 때에도 버릇을 잘 들여야 하지만, 살아갈 때에도 어떻게 **배우**느냐에 따라 잘 되거나 안 되거나가 갈린다고 봐도 좋다

습기(濕氣)

- **습기(濕氣):** 물기가 많아 젖은 듯한 기운
- **물기(-氣):** 축축한 물의 기운
- **축축하다:** 물기가 있어 젖은 듯하다

사전에서 '습기(濕氣)'를 찾아보면 '물기(-氣)'로 이어지고 다시 '축축하다'로 이어지는데, 돌림풀이에 겹말풀이가 됩니다. 사전 말풀이로는 종잡을 수 없지만 '습기 = 물기'요, 습기나 물기란 '축축함'을 뜻할 테니, '습기가 많다'는 '물 기운이 많다'는 소리입니다. 곧 '많이 축축하다'는 말입니다. '습기를 제거한다'는 '물 기운을 없앤다'는 뜻입니다. 곧 '축축하지 않게 한다'는 말입니다.

- 습기(濕氣), 때 만난 곰팡이들 뼛속까지 스며듭니다
- → **축축함**, 때 만난 곰팡이들 뼛속까지 스며듭니다
- → **젖은 기운**, 때 만난 곰팡이들 뼛속까지 스며듭니다
- → **추진 기운**, 때 만난 곰팡이들 뼛속까지 스며듭니다

시상(詩想)

- **시상(詩想):** 1. 시를 짓기 위한 착상이나 구상 2. 시에 나타난 사상이나 감정 3. 시적인 생각이나 상념

'시상'이라고만 하면 무슨 뜻인지 헷갈릴 수 있어 '詩想'으로 적은 듯합니다. 시상은 시를 쓰려는 생각이나 시로 나타내려는 생각이므로 '시로 써서 나타내려는 말'입니다. 우리말을 생각한다면 '시넋·시생각(시 생각)'이나 '글넋·글생각(글 생각)'이라고 할 수 있습니다. '시상이 떠오른다'라든지 '시상을 가다듬다' 같은 말마디는 '싯말이 떠오른다'나 '싯말을 가다듬다'처럼 손볼 수 있습니다.

- ● **시상(詩想)**도 기차여행 중에 많이 떠오른다
- → **싯말**도 기차여행을 하며 많이 떠오른다
- → **시로 나타낼 생각**도 기차여행을 하며 많이 떠오른다
- → **새로 쓸 시**도 기차여행을 하며 많이 떠오른다

시원(始原)

- **시원(始原):** 사물, 현상 따위가 시작되는 처음

보기글에서는 우리말 '시원하다'하고 헷갈릴 듯하여 '시원'이라는 한자말에 묶음표를 치고 한자를 붙였구나 싶으나, 말뜻과 말결을 헤아려 손쉽게 풀어 줄 때에 한결 낫습니다. "시원의 향기"라는 말마디는 '첫 냄새'라든지 '처음 태어난 냄새·예스러운 내음'이나 '오랜 내음·오래된 내음'으로 손질할 만합니다. '시원'은 "시작되는 처음"을 뜻한다는데, '시작(始作)'은 "어떤 일이나 행동의 처음 단계를 이루거나 그렇게 하게 함"을 가리키니 겹말풀이입니다. 사전 뜻풀이는 '이루어지는 처음'이나 '비롯하는 때'쯤으로 고칩니다.

- 땅끝 어디에선가 물씬 건너오는 **시원(始原)**의 향기가 묻지를수록 아파만 오네
- → 땅끝 어디에선가 물씬 건너오는 **예스러운** 내음이 묻지를수록 아파만 오네
- → 땅끝 어디에선가 물씬 건너오는 **첫** 냄새가 묻지를수록 아파만 오네
- → 땅끝 어디에선가 물씬 건너오는 **오랜** 내음이 묻지를수록 아파만 오네

식수(植樹)

- **식수(植樹):** 나무를 심음. 또는 심은 나무

'식수'는 나무를 심는 일이며, 비슷한 한자말인 '식목(植木)'도 사전에서는 "나무를 심음. 또는 그 나무. '나무 심기'로 순화"로 풀이합니다. 그러면 '식수·식목'은 모두 '나무심기'로 고쳐쓰면 됩니다. 이 얼거리를 살펴서 '씨앗심기'나 '꽃심기' 같은 새말을 지을 수 있습니다. 보기글에서는 '나무심기 모임'으로 손질할 만하고, '나무사랑 모임'이나 '나무 모임'처럼 써보아도 됩니다.

- 음악 모임, **식수(植樹)** 모임을 만들기 시작했다
- → 노래 모임, **나무심기** 모임을 열었다
- → 노래 모임, **나무** 모임을 마련했다
- → 노래 모임, **나무사랑** 모임을 마련했다

신(新)

- **신-(新):** '새로운'의 뜻을 더하는 접두사
- **새-:** ×

'신도시'를 말할 적에 따로 한자 '新'을 밝히는 일은 드뭅니다. 한자 없이도 잘 아니까요. '신촌(新村)'도 그냥 '신촌'이라고만 합니다. 요즈음은 '신도시'보다 '새도시'를 쓰고, '신촌'을 '새마을'인 줄 아는 분이 꾸준히 느는 듯합니다. 사전에서는 새로운 무엇을 나타낼 적에 '新-'이라는 앞가지만 싣고, '새-'라는 앞가지는 안 싣습니다. 앞으로는 '새-'도 사전에 실어야 합니다. '새세대(←신세대)·새누리(←신세계)·새사람(←신인)'처럼 '새-'를 붙이는 새말도 쓸 수 있기를 바랍니다. 보기글에서는 '새'나 '새로운'을 적으면 됩니다.

- 전후 이탈리아 네오리얼리즘 운동으로 알려진 이 **신(新)**사실주의 영화는 시작도 없고 끝도 없다
→ 전쟁 뒤 이탈리아 네오리얼리즘 운동으로 알려진 이 **새** 사실주의 영화는 처음도 없고 끝도 없다
→ 전쟁 뒤 이탈리아 네오리얼리즘 운동으로 알려진 이 **새로운** 사실주의 영화는 처음도 없고 끝도 없다

신(腎)

- **신(腎):** [의학] = 콩팥
- **콩팥:** [의학] 척추동물의 비뇨 기관과 관련된 장기의 하나 ≒ 내신(內腎)·신(腎)·신장(腎臟)

사람이나 짐승 몸에 '콩팥'이 있습니다. 사전을 살피면 '내신(內腎) · 신(腎) · 신장(腎臟)' 같은 한자말로 이곳을 가리킨다고도 다룹니다. 그런데 콩팥을 '콩팥'이라 안 하고서 굳이 여러 한자말로 가리켜야 할는지 아리송합니다. 콩팥은 '콩팥'이라 하면 됩니다. 한자로 옮긴 낱말을 의학말이나 전문말로 삼을 까닭이 없습니다.

- 강한 입냄새가 나고 침이 증가하는 경우는 당뇨병 또는 **신(腎)** 장애와 같은
→ 입냄새가 많이 나고 침이 늘어나면 당뇨병 또는 **콩팥** 장애와 같은
→ 입냄새가 많이 나고 침이 늘어나면 당뇨병 또는 **콩팥**이 나쁜

신분(身分)

- **신분(身分):** 1. 개인의 사회적인 위치나 계급 2. [법률] 사법(私法)에서, 부모·자녀·가족·배우자 따위와 같이 신분 관계의 구성원으로 갖는 법률적 지위 3. [법률] 형법(刑法)에서, 범죄에 관한 특별한 인지 표지

'신분'이라는 한자말은 한자를 덧달지 않고 쓰면 됩니다. 우리말로는 '자리'나 '높낮이'를 쓰면 뜻이나 결이 한결 또렷합니다. 보기글에서는 노동자가 공장에서 쫓겨나는 일을 말하기에, 노동자가 몸으로 일해서 얻는 값어치가 떨어진다는 느낌을 살려 '몸값'이라는 낱말을 쓸 수 있습니다. 또는 "송두리째 흔들린다"로 써 볼 만합니다.

- 노동자들이 공장에서 쫓겨나는 순간 그의 **신분(身分)**은 흔들린다. 바뀐다. 신분 상승이 아니라 하락이다

→ 노동자들이 공장에서 쫓겨나는 때 그가 있던 **자리**는 흔들린다. 바뀐다. 자리가 올라가지 않고 떨어진다

→ 노동자들이 공장에서 쫓겨나는 때 **그 노동자는** 흔들린다. 바뀐다. 자리가 올라가지 않고 떨어진다

→ 노동자들이 공장에서 쫓겨나는 때 그는 **송두리째** 흔들린다. 바뀐다. 몸값이 오르지 않고 내려간다

악서(惡書)

· **악서(惡書):** 읽으면 해를 끼치게 되는 나쁜 책

나쁜 책이 있다면 '나쁜 책'이라 하면 됩니다. 굳이 '악서'라는 한자말로 나타내야 하지 않습니다. 좋은 책이 있으면 '좋은 책'이라 하면 돼요. 애써 '양서(良書)' 같은 한자말로 나타내야 하지 않습니다. '얄궂은 책', '참다운 책', '거짓 책' '착한 책'처럼 써 볼 수 있습니다.

● 이러한 **악서(惡書)**가 양서를 구축하는 현실을

→ 이러한 **나쁜 책**이 좋은 책을 쫓아내는 모습을

→ 이러한 **못된 책**이 착한 책을 밀어내는 일을

→ 이러한 **거짓스러운 책**이 참다운 책을 좀먹는 모습을

안주(安住)

- **안주(安住)**: 1. 한곳에 자리를 잡고 편안히 삶 2. 현재의 상황이나 처지에 만족함

편안하게 산다면 '편안하게 산다'거나 '느긋하게 산다'고 하면 됩니다. '안주(安住)'는 한곳에 자리를 잡으면서 느긋한 모습이니 이러한 말뜻을 헤아리면서 '주저앉다'나 '눌러앉다'로 쓸 적에 뜻이 더욱 또렷합니다. 또는 '탱자탱자하는'이나 '노닥거리는', '폭 주저앉은'이나 '푹 눌러앉은'처럼 써 볼 수 있습니다.

- 내 **안주(安住)**를 베어버릴 면도날을 갖고 오너라
- → **주저앉은** 나를 베어버릴 면도날을 갖고 오너라
- → **눌러앉은** 나를 베어버릴 면도날을 갖고 오너라
- → **느긋한** 나를 베어버릴 면도날을 갖고 오너라
- → **탱자탱자하는** 나를 베어버릴 면도날을 갖고 오너라

애가(愛歌)

· 애가(愛歌): ×

'愛歌'는 사전에 없는 한자말입니다. 이 한자말을 쓰면 인 되지는 않으나, 말할 때에 알아듣기 어렵고, 다른 한자말하고 헷갈리기도 합니다. 굳이 '애가(愛歌)'로 쓰기보다는 '사랑노래'처럼 새 낱말을 지어서 쓰면 훨씬 나으리라 생각합니다. 사랑노래 · 꿈노래 · 슬픔노래 · 눈물노래 · 웃음노래 · 기쁨노래 · 해노래 · 별노래 · 바다노래처럼 '노래'를 붙여 온갖 낱말을 곱게 지어서 써도 좋겠습니다.

- 저의 섬진강 **애가(愛歌)**를 통하여 함께 섬진강을 느끼시기를 기대합니다
- → 제 섬진강 **사랑노래**를 들으며 함께 섬진강을 느끼시기를 바랍니다
- → 제가 부르는 섬진강 **사랑노래**를 들으며 함께 섬진강을 느끼시기를 바랍니다

양식(良識)

- **양식(良識):** 뛰어난 식견이나 건전한 판단

사전을 보면 '양식'은 "뛰어난 식견이나 건전한 판단"을 가리키고, '식견(識見)'은 "학식과 견문이라는 뜻으로, 사물을 분별할 수 있는 능력을 이르는 말", '판단(判斷)'은 "사물을 인식하여 논리나 기준 등에 따라 판정을 내림", '분별(分別)'은 "2. 세상 물정에 대한 바른 생각이나 판단", '판정(判定)'은 "판별하여 결정함", '판별(判別)'은 "옳고 그름이나 좋고 나쁨을 판단하여 구별함"으로 나옵니다. 이러한 돌림풀이를 바탕으로 헤아리면 "교육자의 양식"은 '교육자다운 깊은 생각'이나 '교육자다운 바른 생각'으로 손질할 만합니다. 뜻을 헤아려서 '깊은 생각'이나 '바른 생각', '너른 생각'으로 적으면 좋을 테고, '슬기'도 써 볼 수 있습니다.

- 교육자의 **양식(良識)**이라든지 양심이라는 것이
- → 교육자다운 **생각**이라든지 마음이
- → 교육자다운 **깊은 생각**이라든지 착한 마음이
- → 교육자다운 **바른 생각**이라든지 착한 마음이

어감(語感)

- **어감(語感):** 말소리나 말투의 차이에 따른 느낌과 맛. '말맛'으로 순화
- **말맛:** = 어감

'말맛'으로 고쳐쓸 한자말이지만 사전에서 '말맛'을 찾아보면 "= 어감"으로만 나옵니다. 뜻풀이는 '말맛'에 붙여야 합니다. '어감'은 '말맛'이나 '말느낌·말결'이나 '말씨'로도 쓸 수 있습니다. 보기글에서는 '느낌'이라고만 해도 잘 어울립니다.

- 주거부정이나 주거불명이란 표현 역시 **어감(語感)**이 썩 좋은 편은 아니다
- → 주거부정이나 주거불명도 **말느낌**이 썩 좋다고 할 수 없다
- → 주거부정이나 주거불명도 **말맛**이 썩 좋지는 않다
- → 주거부정이나 주거불명이란 **말**도 느낌이 썩 안 좋다

언어무위(言語無爲)

- **언어무위:** ×
- **언어(言語):** 생각, 느낌 따위를 나타내거나 전달하는 데에 쓰는 음성. 문자 따위의 수단
- **무위(無爲):** 1. 아무것도 하는 일이 없음. 또는 이룬 것이 없음

'언어무위'라는 한자말은 사전에 없습니다. '언어 + 무위' 얼거리이고 '언어'는 '말', '무위'는 '아무것도 안 함'을 가리킵니다. 곧 '말은 아무것도 할 수 없다'를 '언어무위'로 나타낸 셈입니다. 보기글에서는 앞뒤 모두 짝을 맞추어 '말은 부질없다더니 그조차 부질없다'나 '말은 덧없다더니 그조차 부질없다'로 손볼 수 있습니다. 앞뒤에 다른 낱말로 넣어서 '말은 쓸모없다더니 그조차 부질없다'로 써도 됩니다.

- 언어무위(言語無爲)라더니 그조차 부질없다
→ **말로는 아무것도 할 수 없다**더니 그조차 부질없다
→ **말은 쓸모없다**더니 그조차 부질없다
→ **말은 아무것이 아니라**더니 그조차 부질없다

언피해(凍害)

- **언피해:** ×
- **동해(凍害):** 농작물 따위가 추위로 입는 피해. '언 피해'로 순화

한자말 '동해(凍害)'는 '언 피해'로 고쳐써야 합니다. 보기글처럼 굳이 '凍害'를 붙이기보다는 '언 피해'라고만 적어도 됩니다. '얼어붙는'이나 '얼어서 죽는'으로 적을 수도 있고, '얼어죽다'를 새롭게 한 낱말로 지어도 좋으리라 봅니다.

- 한겨울에 나무가 **언피해(凍害)**를 입는 것도 그 한 예다
- → 한겨울에 나무가 **얼어붙는 일**도 한 가지 보기이다
- → 이를테면 한겨울에 나무가 **얼어붙는 일**도 있다
- → 이를테면 한겨울에 나무가 **얼어서 죽기**도 한다

업(業)

- **업(業):** 1. = 직업 2. 부여된 과업
- **직업(職業):** 생계를 유지하기 위하여 자신의 적성과 능력에 따라 일정한 기간 동안 계속하여 종사하는 일
- **과업(課業):** 꼭 하여야 할 일이나 임무

'직업'이나 '과업'을 가리키는 '業'입니다. '업'은 '일'을 나타내므로 단출하게 '일'로 쓰면 됩니다. '일거리'나 '내 일'이나 '하는 일'로도 쓸 수 있습니다. 이 자리에서는 '밥벌이'로 써도 어울립니다.

- ● 독서가 **업(業)**이고 습(習)이기도 하거니와
- → 책읽기가 **일**이고 버릇이기도 하거니와
- → 책읽기가 **내 일**이고 버릇이기도 하거니와
- → 책읽기가 **밥벌이**요 늘 하기도 하거니와
- → 책으로 **일**하고 으레 읽기도 하거니와

여자(女子)

- **여자(女子):** 1. 여성으로 태어난 사람 2. 여자다운 여자 3. 한 남자의 아내나 애인을 이르는 말

군이 한자를 붙이지 않아도 '여자 · 남자'를 못 알아 볼 사람은 없습니다. 또는 '가시내 · 머스마 · 가시나 · 머스매'로 적을수 있습니다. 고장마다 말씨가 살짝 다르니 그 말결을 살려서 써도 좋습니다.

- 나이 들어, 수줍게 웃는 **여자(女子)**는 얼마나 고운가
- → 나이 들어, 수줍게 웃는 **여자**는 얼마나 고운가
- → 나이 들어, 수줍게 웃는 **가시내**는 얼마나 고운가

연명(延命)

- **연명(延命):** 목숨을 겨우 이어 살아감

목숨을 겨우 잇는다고 할 적에는 이 말대로 적어야 가장 뚜렷합니다. 이를 뜻하는 '연명'을 쓰거나 '연명(延命)'을 쓴대서 뜻이 뚜렷하게 드러나지 않습니다. 보기글에서는 '입에 풀 바른다'나 '끼니를 겨우 잇는다'를 넣을 수 있고, '겨우겨우'나 '가까스로', '마지못하다' 같은 낱말을 넣어도 됩니다.

- 단기 근무자들 삶은 **연명(延命)**이라는 말로밖에 표현할 방법이 없다
- → 단기 근무자들 삶은 **목숨을 겨우 잇는다**는 말로밖에 나타낼 길이 없다
- → 단기 근무자들 삶은 **입에 풀 바른다**는 말로밖에 나타낼 길이 없다
- → 단기 근무자들 삶은 **겨우겨우** 같은 말로밖에 나타낼 길이 없다

연장(延長)

- **연장(延長):** 1. 시간이나 거리 따위를 본래보다 길게 늘림 2. 물건의 길이나 걸어간 거리 따위를 일괄하였을 때의 전체 길이 3. 어떤 일의 계속. 또는 하나로 이어지는 것

한자말 '연장(延長)'은 '늘리다'나 '이어지다'를 가리키므로 보기글에서는 '이어지다'로 손질해 주면 됩니다. 우리 모습이 그대로 이어진다고 할 적에는 우리 모습이 '그대로 나타난다'나 '그대로 드러난다'고 할 만합니다. 또는 '우리 모습 그대로이다'라고 할 수 있습니다.

- 우리가 가르치는 내용과 방법은 어쩌다 그렇게 만들어진 것이 아니다. 그것들은 우리 자신의 **연장(延長)**이다

→ 우리가 가르치는 이야기와 길은 어쩌다 그렇게 나오지 않는다. 여기에는 **우리 모습이 그대로 나타난다**

→ 우리가 가르치는 이야기와 길은 어쩌다 그렇게 나오지 않는다. 여기에는 **우리 모습이 그대로 이어진다**

→ 우리가 가르치는 이야기와 길은 어쩌다 그렇게 나오지 않는다. 여기에는 **우리 모습이 그대로 드러난다**

염장육(鹽藏肉)

- **염장육:** ×
- **염장(鹽藏):** 소금에 절여 저장함

사전에 '염장육'은 없습니다. 그렇기에 보기글에서도 '鹽藏肉'을 덧달았구나 싶습니다. 한자 '鹽藏肉'을 안다면 덧단 한자가 도움이 될 수 있겠지요. 그러나 '염장'이 절여서 두는 일이니 '절인고기'라는 새말을 지을 수 있습니다. 보기글은 '절여서 오래 두는 고기'나 '절여서 오래 건사하는 고기'로 손질할 수 있습니다.

- 이 요리는 강낭콩과, 보존에 용이한 **염장육(鹽藏肉)**을 주재료로 삼는다
- → 이 요리는 강낭콩과, 오래 두기 좋은 **절인고기**를 주재료로 삼는다
- → 이 밥은 강낭콩과, 오래 건사할 수 있는 **절인고기**로 짓는다
- → 이 먹을거리는 강낭콩과, **절여서 오래 두는 고기**로 짓는다

염천(炎天)

- **염천(炎天):** 1. 몹시 더운 날씨

보기글은 시를 쓰며 말맛을 맞추려고 '염전 · 염천'을 썼구나 싶습니다. 한자말이더라도 염전처럼 제법 알아들을 수 있는 말마디라면 얼마든지 쓸 수 있습니다. 그러나 '염천'은 한글로만 적어도, '炎天'을 덧붙여도 알기 어렵습니다. 어려운 말을 엮어서 말맛을 맞추는 시를 쓰기보다는 한결 쉬우면서 어여쁜 우리말을 엮어 말놀이를 하면 더욱 좋겠지요.

- 염전(鹽田)에 **염천(炎天)**이 오면 바다의 씨들은 전설처럼 하얗게 피어나고
→ 소금밭에 **무더위**가 오면 바다에 살던 씨들은 옛노래처럼 하얗게 피어나고
→ 소금밭에 **불더위**가 오면 바다에 있던 씨들은 옛말처럼 하얗게 피어나고
→ 소금밭이 **뜨거워지면** 바다에 있던 씨들은 옛이야기처럼 하얗게 피어나고

염치(廉恥)

염치(廉恥)를 뜻하는 우리말 '부끄러움'이 버젓이 있습니다. 보기글에서는 '부끄러움을 잃어버린'이나 '부끄러운 줄 모르는'으로 고쳐쓸 수 있습니다. 말결을 살려서 '창피한 줄 모르는'이나 '착한 마음을 잃어버린', '참된 마음을 잃어버린'으로 손질해도 됩니다.

● 언제부터인가 우리 사회는 **염치(廉恥)**를 잃어버린 것 같다

→ 언제부터인가 우리 사회는 **부끄러움**을 잃어버린 듯하다

→ 언제부터인가 우리 사회는 **부끄러운** 줄 모르는 듯하다

→ 언제부터인가 우리 사회는 **창피한** 줄 모르는 듯하다

영면(永眠)

- **영면(永眠):** 영원히 잠든다는 뜻으로, '죽음'을 이르는 말

'영면'은 '죽음'을 이르는 한자말 가운데 하나입니다. '죽음'을 가리키는 낱말은 무척 많습니다. 말 그대로 '죽다'가 있고 '눈을 감다'나 '숨을 거두다', '돌아가다'나 '저승사람이 되다'가 있습니다. 또 '떠나다', '가다'도 있으며, 죽은 사람을 높이고자 할 때에는 '돌아가시다', '떠나시다', '눈을 감으시다', '숨을 거두시다'로 적으면 됩니다.

- 셰익스피어는 **영면(永眠)**에 들기 직전 이런 말을 남기지 않았을까 상상해 본다
→ 셰익스피어는 **죽기** 앞서 이런 말을 남기지 않았을까 생각해 본다
→ 셰익스피어는 **눈을 감기** 앞서 이런 말을 남기지 않았을까 헤아려 본다
→ 셰익스피어는 **고이 잠들기** 앞서 이런 말을 남기지 않았을까 그려 본다
→ 셰익스피어는 **숨을 거두기** 앞서 이런 말을 남겼으리라 본다
→ 셰익스피어는 **죽음을** 앞두고 이런 말을 남겼으리라 생각한다

예경(禮敬)

- **예경(禮敬):** [불교] 부처나 보살 앞에 예배하는 일
- **예배(禮拜):** [종교] 신이나 부처와 같은 초월적 존재 앞에 경배하는 의식
- **경배(敬拜):** 1. 존경하여 공손히 절함 2. 신령, 부처 등을 숭배함
- **숭배(崇拜):** 1. 우러러 공경함 2.신이나 부처 따위의 종교적 대상을 우러러 신앙함
- **절하다:** 공경하는 뜻으로 몸을 굽히다

종교마다 쓰는 한자말은 다를 수 있어도 누구를 기리거나 섬기려는 마음이나 몸짓은 서로 매한가지입니다. 불교에서 쓰는 '예경'은 '예배'로 이어지고 '예배'는 '경배'로 이어지는데, "공손히 절함"을 나타낸다지요. 한국말 '절하다'는 "공경하는 뜻으로 몸을 굽히다"를 가리키니, '예경·예배·경배'라는 종교 한자말을 '절·절하다'로도 얼마든지 손질할 수 있습니다.

- 마음의 **예경(禮敬)**이 끝나는 시간이었다
- → 마음으로 **섬기기**가 끝나는 때였다
- → 마음으로 **절하기**가 끝나는 때였다
- → 마음으로 **절**을 다 올린 때였다

외면(外面)

- **외면(外面):** 1. = 겉면 2. 말이나 하는 짓이 겉에 드러나는 모양
- **겉면(-面):** 겉에 있거나 보이는 면

겉으로 보이는 쪽이라면 '겉쪽'입니다. 겉으로 보이는 모습이라면 '겉모습'이에요. 속모습하고 맞대어 '겉모습'을 말하는데요, 이 겉모습은 '껍데기'나 '허울'이라는 낱말로 나타내기도 합니다. '외면'이라는 한자말에 '外面'이라는 한자를 덧달기보다는 뜻이나 결을 쉽고 또렷하게 밝히는 낱말을 알맞게 찾는 길이 한결 나으리라 생각합니다.

- 타인이거나 근친인 **외면(外面)**이 겹친다
→ 남이거나 우리인 **겉모습**이 겹친다
→ 남이거나 너나들이인 **허울**이 겹친다
→ 남이거나 가까운 **껍데기**가 겹친다

외피(外皮)

- **외피(外皮)**: 1. = 겉껍질 2. = 겉가죽 3. 동물의 거죽이나 몸 안의 여러 기관을 싸고 있는 세포층을 통틀어 이르는 말
- **겉면(–面)**: 겉에 있거나 보이는 면
- **겉모습**: 겉으로 드러나 보이는 모습

한자말 '외피'는 겉껍질이나 겉가죽을 가리킨다고 하는데, 보기글을 살피면 "단지 겉면, 외피(外皮)일 뿐이고"라 나옵니다. '겉면'하고 '외피'를 잇달아 쓴 겹말 얼거리입니다. 둘 가운데 하나만 쓸 노릇이요, '외피'가 겉으로 드러나는 모습을 가리키니 '겉모습'이나 '겉으로 보이는 모습'으로 손질해 줍니다.

- 그들의 피 흘리는 투쟁의 모습은 단지 겉면, **외피(外皮)**일 뿐이고, 궁극적으로는 DNA(유전인자)를 남기기 위해 그렇게 끊임없이 다툼질을 한다
- → 그들이 피 흘리며 다투는 모습은 한낱 **겉모습**일 뿐이고, 바야흐로 유전자를 남기려고 그렇게 끊임없이 다툼질을 한다
- → 그들이 피 흘리며 싸우는 모습은 그저 **겉으로 보이는 모습**일 뿐이고, 끝끝내 유전자를 남기려고 그렇게 끊임없이 다툼질을 한다

외해(外海)

- **외해(外海):** [지리] = 난바다
- **난바다:** [지리] 육지로 둘러싸이지 아니한, 육지에서 멀리 떨어진 바다

우리말 '난바다'가 있으니 굳이 '외해'를 안 써도, 따로 한자를 밝히지 않아도 됩니다. 그냥 멀리 떨어진 바다를 쓰려면 '먼바다'가 있습니다. 또는 바깥을 둘러싼 바다를 말하려 한다면 '바깥바다'처럼 새 낱말을 지어서 쓸 수 있습니다.

- **외해(外海)**에 서식하는 크고 빠른 포식어류들
- → **난바다**에 사는 크고 빠른 포식 물고기
- → **먼바다**에 살며 다른 물고기를 잡아먹는 크고 빠른 물고기

우주목(宇宙木)

· **우주목**: ×

'우주목'은 사전에 없습니다. 사전에 없으니 한자를 또박또박 붙이자고 여길 수 있습니다만, 한자를 붙이지 말고 '우주나무'로 적으면 됩니다. 나무는 그냥 '나무'라 적으면 됩니다. 보기글에서는 '별나무'라고 해 보아도 됩니다.

● 샤먼의 노래는 하늘과 땅을 연결하는 **우주목(宇宙木)**까지 닿아 있다

→ 샤먼 노래는 하늘과 땅을 잇는 **우주나무**까지 닿는다

→ 샤먼이 부르는 노래는 하늘과 땅을 잇는 **우주나무**까지 닿는다

우화(羽化)

- **우화(羽化):** 번데기가 날개 있는 성충이 됨 ≒ 날개돋이
- **날개돋이:** = 우화(羽化)

번데기가 날개 있는 어른벌레로 되는 일을 가리켜 한자말로 '우화', 우리말로는 '날개돋이'라고 합니다. 사전을 살피면 "날개돋이 = 우화"로 풀이하는데 '우화 → 날개돋이'로 적고, '날개돋이'를 제대로 쉽게 풀이해야 우리말 사전답습니다. 보기글에서는 '우화'뿐 아니라 '환골탈태·각자도생'도 쉬운 우리말로 고쳐쓰면 좋겠습니다.

● 스스로 치열하게 벗겨내는 환골탈태, **우화(羽化)**로 각자도생을 넘어
→ 스스로 힘차게 벗겨내는 거듭나기, **날개돋이**로 따로살기를 넘어
→ 스스로 기운차게 벗겨내는 거듭나기, **날개돋이**로 딴살림을 넘어

운신(運身)

- **운신(運身):** 1. 몸을 움직임 2. 어떤 일이나 행동을 편한 마음으로 자유롭게 함

몸을 움직일 적에는 '몸을 움직인다'고 쓰면 됩니다. 이처럼 수수하게 말하지 않고 한자말을 끌어들이기 때문에 보기글처럼 '운신(運身) 폭' 같은 말씨가 불거집니다. 때로는 '운신의 폭'처럼 쓰기도 하는데 이는 일본 말씨입니다. '움직일 자리'나 '움직일 곳' 또는 '몸을 둘 데'로 손봅니다.

- 두꺼운 옷을 찾게 되고, 점점 웅크리게 되고, **운신(運身)** 폭이 줄어드는
- → 두꺼운 옷을 찾고, 자꾸 웅크리고, **움직일 자리**가 줄어드는
- → 두꺼운 옷을 찾고, 자꾸 웅크리고, **움직일 곳**이 줄어드는
- → 두꺼운 옷을 찾고, 자꾸 웅크리고, **몸을 둘 데**가 줄어드는

월만영(月萬影)

- **월만영(月萬影):** ×

한자로도 얼마든지 재미나게 말을 지을 수 있습니다. 다만 우리는 한국사람이니 우리말로 생각을 가다듬어 나타내면 좋겠지요. 보기글을 보면 '월만영(月萬影)'이라 쓰고 뒤쪽에서 한자 풀이를 합니다. 굳이 이렇게 하기보다는 뒷이야기만 적어도 됩니다. 그리고 '온갖 달그림자'라든지 '온달그림자'처럼 새말을 지을 수 있겠지요.

- '**월만영(月萬影)**'이라, 중천에 떠 있는 밝은 달도 만 가지 그림자로 떨어진다
→ '**온달그림자**'라, 하늘 높이 뜬 밝은 달도 온갖 가지 그림자로 떨어진다
→ '**온갖 달그림자**'라, 하늘 높이 뜬 밝은 달도 온갖 그림자로 떨어진다

월인(月人)

- **월인:** ×
- **달사람:** ×

사전에는 '월인'이라는 한자말도, '달사람'이라는 우리말도 없습니다. 더 살펴보니 '지구인·지구사람' 도 사전에 없습니다. 이들 낱말이 꼭 우리말 사전에 실려야 하지는 않지만 이제는 찬찬히 살펴서 실을 만하구나 싶고, '달사람'이라는 새 낱말을 즐겁게 지어서 쓰면 좋으리라 생각합니다.

- 컴퓨터의 도움을 통해 이 **월인(月人)**의 언어해독에 힘을 썼다
- → 컴퓨터 도움을 받아 이 **달사람**이 쓰는 말을 풀려고 힘을 썼다
- → 컴퓨터 도움을 받아 이 **달사람** 말을 알아내려고 힘을 썼다
- → 컴퓨터 도움을 받아 이 **달사람**이 어떤 말을 썼는지 알려고 힘을 썼다

월편(月片)

'월편'이라는 한자말은 사전에 없습니다. 이런 한자말은 쓸 일이 없으니 사전에도 없을 만합니다. '月 + 片' 말고 '달 + 조각'으로 새말을 지으면 될 듯합니다. '달조각'이라는 낱말 을 쓰면 묶음표를 쳐서 한자를 따로 밝혀야 할 일이 없고, 무 슨 뜻인지 모를 사람도 없겠지요.

● **월편(月片)** 같은 비늘을 닥닥 긁어내고

→ **달조각** 같은 비늘을 닥닥 긁어내고

유명(幽明)

- **유명(幽明)**: 1. 어둠과 밝음을 아울러 이르는 말 2. 저승과 이승을 아울러 이르는 말
- **유명을 달리하다**: '죽다'를 완곡하게 이르는 말

누가 죽었다고 할 적에 에둘러서 '유명을 달리하다'라고 하기도 합니다. 이 말씨는 우리말은 낮춤말로 여기고 한자말은 높임말로 여기는 낡은 말버릇입니다. 우리말로도 얼마든지 에두르거나 높일 수 있습니다. '돌아가시다'라 할 수 있고 '저승으로 떠나시다', '이승을 떠나시다', '삶을 내려놓으시다', '눈을 감으시다'라고 해도 됩니다.

- 지금은 유명(幽明)을 달리하신
- → 이제는 **돌아가신**
- → 이제는 **저승에 계신**
- → 이제는 **저승으로 떠나신**
- → 이제는 **안 계신**
- → 이제는 **이 땅에 안 계신**
- → 이제는 **이 땅을 떠나신**
- → 이제는 **이승을 내려놓으신**

유복(裕福)

- **유복(裕福):** 살림이 넉넉하다

'유복'은 말뜻 그대로 '살림이 넉넉한'이라 하면 됩니다. '넉넉한 삶'이나 '넉넉한 살림'이라 할 수도 있고, '돈이 많다'거나 '돈을 많이 벌 수 있다'라고도 할 만합니다. 더 나아가 '돈 걱정 없다'라든지 '배부른 삶'이라 할 수도 있습니다.

- 그는 **유복(裕福)**한 생활이 보장된 서울살이에 대한 유혹과 욕망을 벗고
→ 그는 **넉넉하게 살아갈** 수 있는 서울살이라는 유혹과 욕망을 벗고
→ 그는 **돈 걱정 없이** 살 수 있는 서울살이라는 유혹과 욕망을 벗고
→ 그는 **돈을 많이 벌** 수 있는 서울살이라는 유혹과 욕망을 벗고

유비관계(類比關係)

- **유비관계:** ×
- **유비(類比):** 1. 맞대어 비교함 2. [논리] = 유추(類推) 3. [철학] 사물 상호 간에 대응하여 존재하는 동등성 또는 동일성
- **관계(關係):** 1. 둘 이상의 사람, 사물, 현상 따위가 서로 관련을 맺거나 관련이 있음
- **유추(類推):** 1. 같은 종류의 것 또는 비슷한 것에 기초하여 다른 사물을 미루어 추측하는 일 2. [논리] 두 개의 사물이 여러 면에서 비슷하다는 것을 근거로 다른 속성도 유사할 것이라고 추론하는 일

'유비관계'는 사전에 없습니다. 한자를 붙여 주어도 뜻을 헤아리기가 쉽지 않습니다. 보기글에서는 두 가지 일이 서로 '맞물리'거나 '얽히는' 이야기를 다룹니다. 그래서 이 자리에서는 '맞물리는 얼거리'나 '얽히는 모습'으로 손질해 줍니다.

- 물건을 소유하는 것과 유화 속에 그려진 물건을 보는 것 사이의 이와 같은 **유비관계(類比關係)**를
- → 물건을 가지는 것과 유화에 그려진 물건을 보는 것 사이에 이와 같이 **맞물리는 얼거리**를
- → 물건을 가지는 것과 유화에 그려진 물건을 보는 것 사이에 이와 같이 **얽히는 모습**을

유사이래(有史以來)

- **유사이래:** ×
- **유사(有史):** 인류 문명의 역사가 시작됨
- **이래(以來):** 지나간 어느 일정한 때로부터 지금까지. 또는 그 뒤

'유사 이래'라는 한자말을 쓰기보다는 쉽게 '역사가 있은 뒤'나 '역사가 선 뒤'처럼 적으면 한자를 달아야 할 일이 없습니다. 보기글에서는 '예부터'나 '옛날부터'로 적어도 잘 어울립니다.

- 한마디로 **유사이래(有史以來)** 국가가 노동자 편에 선 적은 한 번도 없다
- → 한마디로 **역사가 있은 뒤**로 나라가 노동자 쪽에 선 적은 한 번도 없다
- → 한마디로 **예부터** 나라가 노동자 자리에 선 적은 한 번도 없다

유성우(流星雨)

· **유성우(流星雨):** [천문] 지구가 유성군(流星群)과 만날 때 많은 유성이 비처럼 쏟아지
는 현상

별똥이 비처럼 쏟아진다고 할 적에 한자말로 '유성우'라 합니
다. 이를 '별똥비'나 '별비'라고 하면 구태여 '流星雨'라고까지
안 밝혀도 됩니다.

● 지금 남해안에서 막 **유성우(流星雨)**를 맞고 있다는 문자가 떴다

→ 남해안에서 막 **별똥비**를 맞는다는 쪽글이 떴다

→ 이제 남녘 바닷가에서 **별비**를 맞는다는 쪽글이 떴다

유충(幼蟲)

- **유충(幼蟲):** [동물] = 애벌레. '애벌레'로 순화

보기글에서는 고쳐쓸 낱말인 '유충'을 안 고친 채 그대로 쓰면서 한자까지 덧달았습니다. 쉽게 '애벌레'로 쓰면 됩니다.

- 대학 입학식은 일종의 성년식(成年式)이다. 매미가 **유충(幼蟲)**의 허물을 벗고 나오듯이
→ 대학 새들이는 이른바 어른이 되는 마당이다. 매미가 **애벌레** 허물을 벗고 나오듯이
→ 대학 새들이는 이른바 어른이 되는 잔치이다. 매미가 **애벌레**라는 허물을 벗고 나오듯이
→ 대학 새들이는 이른바 어른으로 서는 자리이다. 매미 **애벌레**가 허물을 벗고 날개돋이를 하듯이

음색(音色)

- **음색(音色)**: [음악] 음을 만드는 구성 요소의 차이로 생기는, 소리의 감각적 특색 ≒ 소리맵시·음빛깔
- **소리맵시**: [음악] = 음색(音色)
- **음빛깔(音-)**: [음악] = 음색(音色)
- **소리빛깔**: ×

보기글은 '어둠과 빛'을 이야기하려다 보니 '색'이라는 한자말을 따로 쓰는구나 싶습니다. 그런데 '빛'하고 '色'은 같은 낱말입니다. 하나는 우리말이요, 다른 하나는 한자일 뿐입니다. 보기글에서는 '다른 色'을 '다른 빛깔'이나 '다른 결'로 손보고, '音色'은 사전에 나오듯이 '소리맵시'로 손볼 만합니다. '소리빛깔'이나 '소리빛·소리빛결' 같은 새 낱말을 지어서 써도 됩니다.

- 어둠과 빛이 다른 色이 아니란 걸 알고 난 뒤 내 **音色**이 달라졌다
- → 어둠과 빛이 다른 빛깔이 아닌 줄 알고 난 뒤 내 **소리맵시**가 달라졌다
- → 어둠과 빛이 다른 결이 아닌 줄 알고 난 뒤 내 **소리빛깔**이 달라졌다
- → 어둠과 빛이 다르지 않은 줄 알고 난 뒤 내 **소리빛**이 달라졌다

의지(意志·依支)

- **의지(意志):** 어떠한 일을 이루고자 하는 마음
- **의지(依支):** 1. 다른 것에 몸을 기댐 2. 다른 것에 마음을 기대어 도움을 받음

보기글은 소리는 같으나 뜻이 다른 두 가지 한자말을 섞으면서 말놀이를 보여줍니다. 이 같은 말놀이도 재미있습니다. 다만 두 가지 한자말을 다 아는 사람한테는 재미있을 테고, 두 가지 한자말을 모르는 사람한테는 낯섭니다. 읽을 사람을 더욱 찬찬히 헤아리면서 한결 쉬우면서 재미나게 글을 써 보면 좋겠어요.

- 굳은 의지(意志)를 발휘해야 했음에도 나는 어느새 아내의 한쪽 어깨에 의지(依支)하고 만 신세였다
→ 굳은 마음을 뽐내야 했으나 나는 어느새 아내 한쪽 어깨에 **기대고** 만 몸이었다
→ 굳은 뜻을 드러내야 했으나 나는 어느새 곁님 한쪽 어깨에 **기대고** 만 셈이었다

이(吸蝨)

- **흡슬(吸蝨):** ×
- **蝨:** 이슬

밥을 잘게 바수어 먹기 좋도록 하는 뼈를 가리켜 '이'라고 합니다. 머리에 생겨서 피를 빠는 벌레도 '이'라 합니다. 말소리는 둘이 같으나 쓰임새는 서로 다릅니다. 보기글에서 그냥 '이'라고만 적어 헷갈린다면 '머릿니'로 쓰면 됩니다. 또는 '머리에 이를 달고'라든지 '머리에 이가 가득한 채'로도 쓸 수 있습니다. 사전에 나오지도 않는 '吸蝨'이라는 한자를 달아도 뜻을 알기가 어렵고, 꼭 묶음표를 달고 싶다면 '이(머릿니)'처럼 달면 됩니다.

- 이들은 **이(吸蝨)**와 함께 무덤에 갔고
- → 이들은 **이**와 함께 무덤에 갔고
- → 이들은 **머릿니**와 함께 무덤에 갔고

이명(耳鳴)

- **이명(耳鳴):** = 귀울림
- **귀울림:** 몸 밖에 음원(音源)이 없는데도 잡음이 들리는 병적인 상태

'이명'은 '귀울림'이라는 우리말로 고쳐써야 한다고 합니다. 한자말에 묶음표를 쳐서 한자를 밝히지 않고도 '귀울림' 한 마디만 쓰면 됩니다. 때로는 '귓소리'처럼 새롭게 낱말을 지을 수 있어요.

- 내 것이 아닌 **이명(耳鳴)**이 내 귀를 환하게 밝힌다
- → 내 것이 아닌 **귀울림**이 내 귀를 환하게 밝힌다
- → 내 것이 아닌 **귓소리**가 내 귀를 환하게 밝힌다

이세계(異世界)

- **이세계**: ×

'이세계'라는 낱말은 사전에 없습니다. 사전에도 없는 한자말을 쓰려니 아무래도 한자를 묶음표에 넣을 수밖에 없다고 생각하겠지요. 그러나 이때에는 '다른'을 넣어 '다른 세계'라고 쓰면 됩니다. 또는 이제까지 본 적이 없다는 뜻으로 '새로운 곳'이라 할 수 있고, '낯선 나라'라고도 할 수 있습니다.

- 그제야 나는 의식을 되돌리고 **이세계(異世界)** 같던 돌담길을 빠져나온다

→ 그제야 나는 생각을 되돌리고 **다른 세계** 같던 돌담길을 빠져나온다

→ 그제야 나는 마음을 되돌리고 **새로운 곳** 같던 돌담길을 빠져나온다

→ 그제야 나는 넋을 되돌리고 **낯선 나라** 같던 돌담길을 빠져나온다

인가(人家)

- **인가(人家):** 사람이 사는 집

한자말 '인가'는 사람이 사는 집입니다. 보기글은 자칫 사람들이 모를까 봐 여기에 한자를 덧붙입니다. 이 대목에서 생각해 봅니다. 사람이 사는 집이면 '사람집'이라 하면 됩니다. 사람이 사는 집이라면 그냥 살기만 하지 않고 살림을 지을 터이니 '살림집'이라고 할 수 있습니다. 수수하게 '집'이라 해도 되고요.

- 그런데 인가(人家)가 드물어 길은 어둡고 고개는 또 얼마나 험하고 비좁은지
→ 그런데 **집**이 드물어 길은 어둡고 고개는 또 얼마나 거칠고 비좁은지
→ 그런데 **사람 사는 집**이 드물어 길은 어둡고 고개는 또 얼마나 거칠고 비좁은지

인력(引力)

- **인력(引力)**: [물리] 공간적으로 떨어져 있는 물체끼리 서로 끌어당기는 힘. 질량을 가진 모든 물체 사이나 서로 다른 부호를 가진 전하들 사이에 작용하며, 핵력 때문에 소립자들 사이에서도 생긴다 ≒ 끌힘
- **끌힘**: [물리] = 인력(引力)

끌어당기는 힘을 한자말로 '인력'이라 합니다. '인력'에 한자를 덧달 때보다는 '끌힘'이라는 낱말을 덧달면 한결 알아보기 좋으리라 생각합니다. 거꾸로 '끌힘(인력)'으로도 적을 수 있을 테고요. 말뜻 그대로 '끄는 힘'이나 '끌어당기는 힘', '잡아당기는 힘', '당기는 힘'으로도 적을 만합니다. '힘'만 적을 수 있고, '끌림'이라 해도 어울립니다.

● 다카하시 씨에게는 '**인력(引力)**'이 있습니다. 사람의 마음을 끌어당기는 매력이 있어서

→ 다카하시 씨한테는 '**끌힘**'이 있습니다. 사람 마음을 끌어당기는 힘이 있어서

→ 다카하시 씨한테는 '**힘**'이 있습니다. 마음을 끌어당기는 힘이 있어서

→ 다카하시 씨한테는 '**끌림**'이 있습니다. 마음을 끌어당기는 힘이 있어서

인생(人生)

• **인생(人生):** 1. 사람이 세상을 살아가는 일 2. 어떤 사람과 그의 삶 모두를 낮잡아 이르는 말 3. 사람이 살아 있는 기간

'삶'을 한자말로 옮기니 '인생'입니다. 더 파고든다면 '사람살이'를 '인생'이라고 한달 수 있습니다. 보기글에서는 '삶'이나 '사람살이'로 손볼 수 있는데, 모두 털어내도 됩니다. 글 끝자락에 "우리네 삶"이 나오기에 단출하게 '도무지 알 수 없는 우리네 삶 또한'이라고만 적을 수도 있습니다.

● **인생(人生)**이라지만 도무지 알 수 없는 우리네 삶 또한

→ **삶**이라지만 도무지 알 수 없는 우리네 삶 또한

→ **사람살이**라지만 도무지 알 수 없는 우리네 삶 또한

→ 도무지 알 수 없는 우리네 **삶** 또한

일별(一瞥)

- **일별(一瞥):** 한 번 흘깃 봄
- **흘깃:** 가볍게 한 번 흘겨보는 모양. '흘깃'보다 센 느낌을 준다

사전 뜻풀이를 살피니 '일별'은 "한 번 흘깃 봄"으로, '흘깃'은 "한 번 흘겨보는"으로 풀이합니다. 겹말풀이입니다. 우리말 그대로 '한번 흘깃 보다'로 쓰면 되고, 보기글에서는 '구경'이라 해도 어울립니다.

- 자기 가슴 깊은 곳에 숨어 있는 하늘나라를 **일별(一瞥)**조차 못하는 것이다
- → 제 가슴 깊은 곳에 숨은 하늘나라를 **구경**조차 못 한다
- → 제 가슴 깊은 곳에 숨은 하늘나라를 **한 번 흘겨보지**도 못 한다
- → 제 가슴 깊은 곳에 숨은 하늘나라를 **흘깃 보지**도 못 한다
- → 제 가슴 깊은 곳에 숨은 하늘나라를 **살짝 보지**도 못 한다
- → 제 가슴 깊은 곳에 숨은 하늘나라를 조금도 **못 본다**

일심(一心)

- **일심(一心):** 1. 하나로 합쳐진 마음 2. 한쪽에만 마음을 씀 3. 여러 사람이 한마음으로 일치함 4. [불교] 단 하나의 심성(心性)이라는 뜻으로, '진여'를 이르는 말 5. [불교] 단 하나의 근본식(根本識) 6. [불교] 오로지 하나의 대상에 집중하여 생각을 어지럽게 아니하는 마음
- **한마음:** 1. 하나로 합친 마음 2. 변함없는 마음 3. [불교] 모든 사물은 마음이 모여 이루어진 덩어리라는 뜻으로 이르는 말

불교에서는 '일심'이라는 한자말을 자주 쓰는 듯합니다. 뜻을 헤아리면 '한마음·한넋·한뜻·한얼·한생각'으로 갈라 쓸 수 있습니다. 보기글에서는 '일심(一心)·한마음·일심'으로 섞어 씁니다. 힘주어 말하려는 뜻이로구나 싶으면서도 좀 어수선합니다. '한마음' 한 마디면 됩니다. '하나된 마음'이나 '하나로 모은 마음'으로 써도 좋습니다.

- 그 하나가 무엇인가 궁금하시죠? 가르쳐 드릴게요. **일심(一心)**이라고 합니다. 한마음, 일심

→ 그 하나가 무엇인가 궁금하시죠? 가르쳐 드릴게요. **한마음**이라고 합니다. 한마음

→ 그 하나가 무엇인가 궁금하시죠? 가르쳐 드릴게요. **하나된 마음**이라고 합니다. 한마음

일인(日人)

- **일인(日人):** = 일본인
- **일본인(日本人):** 일본 국적을 가진 사람

'일인'이라고만 쓰면 헷갈릴까 싶어 한자를 붙여 '일인(日人)' 이라 하기보다는 '일본사람'으로 적으면 그만입니다. 사전은 '일인'을 "= 일본인"으로 풀이하는데, '−인(人)'이라는 한자보 다는 '−사람'이라는 우리말을 쓰면 됩니다.

- 갱구 가까이의 언덕에는 빨간 양철 지붕을 한 이층집 광산 사무실이 있었는데, 사무실 뒤는 **일인(日人)** 기사들의 관사였고
- → 굿길 가까이 언덕에는 빨간 양철 지붕을 한 이층집 광산 사무실이 있었 는데, 사무실 뒤는 **일본** 기사들 관사였고
- → 굿길 가까이 언덕에는 빨간 양철 지붕을 한 이층집 광산 사무실이 있었 는데, 사무실 뒤는 기사인 **일본사람** 관사였고

일조일석(一朝一夕)

• **일조일석(一朝一夕)**: 하루의 아침과 하루의 저녁이란 뜻으로, 짧은 시일을 이르는 말

짧은 때를 가리키려고 한다면 '하루아침'이라 하면 됩니다. 일본사람은 '一朝一夕' 같은 한자를 쓰는지 모르나 우리한테는 어울리는 말이 아닙니다. 보기글에서는 '하루 만'이라 해도 되고, '서둘러서는', '다그쳐서는', '닦달해서는', '짧은 겨를에는'으로 써도 됩니다.

● **일조일석(一朝一夕)**으로는 할 수 없어요
→ **하루아침**으로는 할 수 없어요
→ **번갯불에 콩 구워 먹듯**이 할 수 없어요
→ **서둘러서**는 할 수 없어요
→ **다그쳐서**는 할 수 없어요
→ **하루 만**으로는 뚝딱 할 수 없어요

일화적(逸話的)

- **일화적:** ×
- **일화(逸話):** 세상에 널리 알려지지 아니한 흥미 있는 이야기
- **이야기:** 1. 어떤 사물이나 사실, 현상에 대하여 일정한 줄거리를 가지고 하는 말이나 글 2. 자신이 경험한 지난 일이나 마음속에 있는 생각을 남에게 일러 주는 말 3. 어떤 사실에 관하여, 또는 있지 않은 일을 사실처럼 꾸며 재미있게 하는 말 4. 소문이나 평판 5. [문학] = 소설(小說)

'이야기'라는 우리말은 넓게 씁니다. 줄거리가 있는 말이나 재미있게 하는 말도 가리킵니다. 한자말 '일화'는 재미있는 이야기를 뜻합니다. 그러니 '일화'는 '이야기'로 손볼 수 있고, '-적'을 붙인 '일화적'은 '이야기 같은'으로 손볼 만합니다. 보기글에서는 '이야기 같은 까닭'으로 손보기보다는 '이야기가 있다'나 '까닭이 있다'가 어울립니다.

- 여기에는 장면 자체에서 쉽게 짐작할 수 있는 **일화적(逸話的)**인 이유들이 있다
- → 여기에는 그 대목에서 쉽게 어림할 수 있는 여러 **이야기**가 있다
- → 여기에는 그 대목에서 쉽게 어림할 수 있는 여러 **까닭**이 있다

임도(林道)

- **임도(林道):** '임산 도로'를 줄여 이르는 말
- **임산도로(林産道路):** 벌목한 통나무의 운반, 산림의 생산 관리를 위하여 건설한 도로

한자말 '임도(林道)'를 뜯으면 '숲林' + '길道'입니다. 이 뜻을 살피면 처음부터 '숲길'로 적을 수 있습니다. 숲에 낸 길이나 숲에 난 길이니까요. 나무를 베고 나서 실어 날라야 하는 길도 숲에 내거나 날 수밖에 없으니, 이때에도 '숲길'이라 하면 됩니다.

● 면소재지 뒤안 제암마을에서 자부포 대풍바위까지 이어진 임도(林道) 또한 한적하고 아름답기 그지없다

→ 면소재지 뒤안 제암마을에서 자부포 대풍바위까지 이어진 **숲길** 또한 한갓지고 아름답기 그지없다

→ 면소재지 뒤안 제암마을에서 자부포 대풍바위까지 이어진 **숲에 낸 길** 또한 한갓지고 아름답기 그지없다

자(尺度)

- **자**: 길이를 재는 데 쓰는 도구
- **잣대**: 1. = 자막대기 2. 어떤 현상이나 문제를 판단하는 데 의거하는 기준을 비유적으로 이르는 말
- **척도(尺度)**: 1. 자로 재는 길이의 표준 2. 평가하거나 측정할 때 의거할 기준

'자(尺度)' 아닌 '자'라고 하면 됩니다. 외마디 '자'로 모자라다 싶으면 '잣대'나 '자막대기'라 할 수 있습니다. '눈금자'라 해도 됩니다. 자로 재고, 자를 씁니다.

- 도대체 미묘하고 多樣하기 그지없는 人間을 잴 수 있는 **자(尺度)**가 어디에 있을 것인가
- → 참말로 아리송하고 다 다르기 그지없는 사람을 잴 수 있는 **자**가 어디에 있을까
- → 참으로 야릇하고 다 다르기 그지없는 사람을 잴 수 있는 **잣대**가 어디에 있을까
- → 이 수수께끼요 다 다르기 그지없는 사람을 어떻게 잴 수 있는가
- → 이 알쏭달쏭하고 다 다르기 그지없는 사람을 무슨 **자**로 재겠는가

자락(自樂)

- **자락(自樂)**: 스스로 즐김

보기글을 가만히 보면 "스스로 모르는"이라 하다기 '자락(自樂)'이라 합니다. 한글로 '자락'이라 쓴들, 한자를 붙여 '자락(自樂)'이라 쓴들 둘 다 알아보기는 어렵습니다. "스스로 모르는"이라 쉽게 쓴 말씨처럼 '스스로 즐길'이나 '스스로 즐기는'이나 '스스로 즐거운'이라 적으면 됩니다.

● 마흔이 되었을 때는 스스로 아무것도 모르는 사람이라고 생각하니 온전해지는 느낌이 들어 밖으로 찾지 않고도 **자락(自樂)**할 공간이 조금씩 생겨났다

→ 마흔이 되었을 때는 스스로 아무것도 모르는 사람이라고 생각하니 오롯해지는 느낌이 들어 밖으로 찾지 않고도 **스스로 즐기는** 자리가 조금씩 생겨났다

→ 마흔이 되었을 때는 스스로 아무것도 모르는 사람이라고 생각하니 오롯해지는 느낌이 들어 밖으로 찾지 않고도 **스스로 즐거운** 자리가 조금씩 생겨났다

자활(自活)

- **자활(自活):** 자기 힘으로 살아감

요즈음은 '자활센터'라는 곳도 있고, '자활사업·자활급여·자활근로자·자활공동체'라는 한자말까지 있습니다. '자활'은 우리말로 '홀로서기'입니다. 한자말 '독립(獨立)'도 '홀로서기'로 풀어낼 수 있습니다. 사전을 살피면 '홀로서기'도 올림말로 나오고, "다른 것에 매이거나 기대지 않는 일"이라고 풀이합니다. 스스로 삶을 짓는 몸짓이 바로 '홀로서기'요 '홀로섬'입니다. '홀로서다'로 써도 잘 어울립니다.

- 일반적으로 '자신의 삶을 스스로 일궈 나가는 것'을 **'자활(自活)'**이라고 표현합니다
- → '내 삶을 스스로 일궈 나가기'를 흔히 '**홀로서기**'라고 합니다
- → '나 스스로 삶을 일궈 나가기'를 으레 '**홀로섬**'이라고 말합니다

작(作)

• **작(作):** (작자의 이름 뒤에 쓰여) '작품', '제작', '저작'의 뜻을 나타내는 말

사전을 보니 '作'은 '작품'이나 '저작'으로 고쳐야 한다면서 으레 글쓴이나 지은이 이름 뒤에 토씨 '−의'를 붙입니다. "토마스 푸드의 작품"처럼 말이지요. 이보다는 '쓴'이나 '지은 · 만든 · 펴낸 · 엮은' 같은 우리말을 넣으면 됩니다. '이광수 작의 《무정》'은 '이광수가 쓴 《무정》'으로, '혜경궁 홍씨의 작인 《한중록》'은 '혜경궁 홍씨가 지은 《한중록》'으로 쓰면 됩니다.

● 절망을 이기지 못하고 마침내 투신자살을 선택하는 고독한 소녀의 비극—토마스 푸드 **작(作)** 《한숨의 다리》

→ 괴로움을 이기지 못하고 마침내 몸을 던져 목숨을 끊는 외롭고 슬픈 소녀—토마스 푸드가 **쓴** 《한숨의 다리》

→ 슬픔을 이기지 못하고 마침내 몸을 던져 목숨을 끊는 쓸쓸하고 슬픈 소녀—토마스 푸드가 **지은** 《한숨의 다리》

작시(作詩)

- **작시(作詩)**: = 시작
- **시작(詩作)**: 시를 지음

사전에서는 한자말 '작시'를 "= 시작"으로 풀이합니다. '시작'은 "시를 지음"으로 풀이합니다. '작시·시작'은 '시를 지음'을 가리키니 쉽게 말하자면 '시짓기' 또는 '시쓰기'입니다. 이처럼 '시짓기·시쓰기'로 쓰면 묶음표에 한자를 따로 써 넣는 번거로운 일을 안 해도 됩니다.

- 그만큼 **작시(作詩)** 시간이 늘어나는 셈이어서 사정이 여유로워져
- → 그만큼 **시를 지을** 틈이 늘어나는 셈이어서 살림이 느긋해져
- → 그만큼 **시를 쓸** 겨를이 늘어나는 셈이어서 한결 느긋해져

잔설(殘雪)

- **잔설(殘雪):** 녹다 남은 눈

녹다 남은 눈을 한자말로 '잔설'이라 하는데 그렇디면 '녹다 남은 눈' 그대로 쓰면 됩니다. 쌓인 눈이 속으로 녹을 적에 '석다'라 하고, '눈석임'이라는 말이 있습니다. 이를 '석임눈'처럼 말꼴을 바꾸어서 '녹다 남은 눈'을 나타낼 수 있습니다. 녹다가 남은 눈은 자잘하게 줄어들 테니 '잔-(잘다)'을 붙여서 '잔눈'이라고 새말을 지을 수 있습니다.

- 봄보다 먼저 **잔설(殘雪)**을 이고 그대 피어난다
→ 봄보다 먼저 **남은 눈**을 이고 그대 피어난다
→ 봄보다 먼저 **녹다 남은 눈**을 이고 그대 피어난다
→ 봄보다 먼저 **잔눈**을 이고 그대 피어난다

장(場)

- **장(場):** 어떤 일이 행하여지는 곳

'곳'을 가리키는 한자 '場'입니다. 때로는 '곳' 말고도 '자리·마당·터·누리'라 할 수 있습니다. 보기글에서는 "과학의 장"이라고 하는데 이는 '−の場'이라는 일본 말씨입니다. 과학 이야기를 펼치는 곳이라면 '과학마당', 과학을 배우는 곳이라면 '과학 배움터'라고 하면 됩니다.

- 아이에게 숲은 마음껏 뛰노는 놀이터이자, 자연법칙을 배우는 과학의 **장(場)**이며, 대자연의 섭리를 깨우치는 거대한 철학 교실입니다
- → 아이한테 숲은 마음껏 뛰노는 놀이터이자, 자연법칙을 배우는 **과학 배움터**이며, 너른 자연 얼거리를 깨우치는 커다란 철학 교실입니다
- → 아이한테 숲은 마음껏 뛰노는 놀이터이자, 자연법칙을 배우는 **과학마당**이며, 너른 숲 얼거리를 깨우치는 커다란 철학 교실입니다

장고(長考)

오랫동안 깊이 생각한다고 할 적에 한자말 '장고'로 적기도 하는데 '오래 생각하다'나 '깊이 생각하다'로 적으면 한결 알아보기 좋습니다. 오래 생각한다면 '오랜생각' 같은 새말을 지을 수 있고, 오래 생각할 적에는 이모저모 많이 생각할 테니 '한생각' 같은 새말을 지어 볼 만합니다.

- 그가 **장고(長考)**에 빠졌을 때는 상황이 이상하다는 걸 깨달은 뒤였지만 결국 그 장고 끝에
- → 그가 **생각에 깊이** 빠졌을 때는 흐름이 얄궂은 줄 깨달은 뒤였지만 끝내 그 **긴 생각** 끝에
- → 그가 **생각에 푹** 빠졌을 때는 흐름이 아리송한 줄 깨달은 뒤였지만 끝내 그 **긴 생각** 끝에

장서(藏書)

- **장서(藏書):** 책을 간직하여 둠. 또는 그 책

간직한 책을 가리켜 한자말로 '장서'라 합니다. 흔히 '장서가 많군요'라고 하는데 손쉽게 '책을 많이 간직하셨군요'나 '책을 많이 두셨군요'라고 해도 됩니다. '장서'라고만 쓰면 헷갈릴까 싶어 '장서(藏書)'로 적는다면 그냥 '책'이 한결 낫습니다.

- 내 안이 도서관이라면 고독은 무수한 **장서(藏書)**들이다
- → 내 안이 도서관이라면 외로움은 숱한 **책**들이다
- → 내 안이 도서관이라면 쓸쓸함은 셀 수 없는 **책**들이다

장일성(長日性)

- **장일성(長日性):** [식물] 한해살이풀에서 일조 시간이 길어지면 꽃이 피는 성질. 상추, 시금치 따위가 있다

사전은 '일조(日照)'를 "햇볕이 내리쬠. '볕 쬠'으로 순화"라고 풀이합니다. 고쳐써야 한다는 한자말로 뜻풀이를 붙인 얼거리는 알궂습니다. 햇볕을 쬐는 몸짓을 두고 '해바라기'라고 하므로 해(햇볕)를 좋아하는 풀꽃이라면 '해바라기 풀'이라고 할 만합니다. '해바람(햇볕바람) 풀'이나 '해받이(햇볕받이) 풀'이라 할 수도 있습니다.

- **장일성(長日性)** 식물이라 일조 시간이 12~14시간은 되어야 꽃눈을 형성한다
- → **해를 좋아하는** 남새라 햇볕을 12~14시간은 쬐어야 꽃눈을 맺는다
- → **햇볕을 좋아하기에** 하루에 12~14시간은 해를 쬐어야 꽃눈이 난다
- → **해바람** 남새라 하루에 12~14시간은 해를 쬐어야 꽃눈을 맺는다
- → **햇볕받이** 남새라 하루에 12~14시간은 햇볕을 쬐어야 꽃눈이 난다

저작(詛嚼)

- [우리말 사전] **저작(詛嚼):** ×
- [우리말 사전] **저작(咀嚼):** 음식을 입에 넣고 씹음
- [영양학 사전] **저작(chewing 詛嚼):** 음식물 등을 넣고 상하의 이를 맞부딪치며 씹는 것

  詛: 1. 저주하다 2. 맹세하다 3. 헐뜯다 4. 욕하다

  嚼: 1. 씹다 2. 맛보다 3. 술을 강권하다

  악력(握力): 손아귀로 무엇을 쥐는 힘 ≒ 칠힘

'詛嚼'이라는 한자말은 우리말 사전에는 없고 영양학 사전에서 찾아볼 수 있는데 '씹기'를 가리킵니다. 아무래도 일본 한자말 같습니다. 우리말 사전에 '咀嚼'은 나오지만 '咀嚼'이든 '詛嚼'이든 쓰는 사람이 몇이나 될까요? 씹을 적에는 '씹다'라고 하면 될 텐데요. 몇 가지 사전을 한참 살핀 끝에 겨우 말 뜻을 어림하고는 "악력의 저작"이 무엇인가를 헤아려 보았습니다.

- 둥글게 말아 쥐고 흔들면 내 멱살은 악력(握力)의 **저작(詛嚼)**에 풀이 죽는다
- → 둥글게 말아 쥐고 흔들면 내 멱살은 쥐고 흔드는 **힘**에 풀이 죽는다
- → 둥글게 말아 쥐고 흔들면 내 멱살은 이 **힘**에 풀이 죽는다
- → 둥글게 말아 쥐고 흔들면 내 멱살은 이 **아귀힘**에 풀이 죽는다

전지적(全知的)

- **전지적(全知的):** 사물과 현상의 모든 것을 다 아는

보기글을 살피면 앞에 "전체를 한눈에 보는"이라고 적었기에 "전지적 시점"이라는 말마디는 덜어낼 만합니다. 이러한 모습을 한 낱말로 나타내고 싶다면 '모든눈·모둠눈·온눈'이나 '한눈보기·온눈보기'처럼 새말을 지을 수 있습니다.

- 나는 전체를 한눈에 보는 **전지적(全知的)** 시점을 갖고 있었고
- → 나는 모두를 한눈에 보며 아는 **눈길**이 있었고
- → 나는 모든 것을 한눈에 보고 알아채는 **눈**이 있었고

정(情)

- **정(情):** 1. 느끼어 일어나는 마음 2. 사랑이나 친근감을 느끼는 마음 3. [불교] 혼탁한 망상 4. [심리] 마음을 이루는 두 요소 가운데 감동적인 요소

'정이 많다'나 '정이 들다', '정이 떨어지다', '정이 안 간다'처럼 쓰는 '정(情)'은 '마음'을 가리킵니다. "정(情)에 굶주린"은 말뜻을 헤아려 '사랑에 굶주린'이나 '따스한 손길에 굶주린'으로 적어도 좋습니다. '살가운 품에 굶주린'이나 '포근한 숨결에 굶주린'으로도 쓸 수 있을 테고요.

- ● 정(情)에 굶주린 아이들 언제나 눈물 그렁그렁 고여
- → **사랑**에 굶주린 아이들 언제나 눈물 그렁그렁 고여
- → **따순 마음**에 굶주린 아이들 언제나 눈물 그렁그렁 고여
- → **따뜻한 손길**에 굶주린 아이들 언제나 눈물 그렁그렁 고여
- → **포근한 숨결**에 굶주린 아이들 언제나 눈물 그렁그렁 고여

정상(頂上)

• **정상(頂上):** 1. 산 따위의 맨 꼭대기 2. 그 이상 더없는 최고의 상태 3. 한 나라의 최고 수뇌

보기글에서 '정상(頂上)'은 한 나라를 이끄는 사람을 가리킵니다. 이끄는 사람을 우리말로 하면 '이끎이' 또는 '우두머리'라 할 수 있습니다. 산에서 맨 꼭대기를 가리키는 '정상'은 그냥 '꼭대기'일 뿐입니다. 그보다 더 높을 수 없는 가장 높음을 나타내고 싶으면 '으뜸'이나 '하늘(을 찌름)'이라 하면 됩니다.

● 그래서 인민은, 아니 인간은 세계 이곳저곳에서 머리 위에 덮쳐 있는 **정상(頂上)**을 제거하는 데모들을 하고 있는 것이다

→ 그래서 인민은, 아니 사람은 온누리 이곳저곳에서 머리 위를 덮친 **우두머리**를 없애는 데모들을 하는 셈이다

정선(精選)

- **정선(精選):** 정밀하게 잘 골라 뽑음

꼼꼼하게 골라서 뽑는 일은 우리말로 '가려뽑다·추리다·골라뽑다·솎다·가리다'라고 하면 됩니다. '고르다·골라내다'로 쓸 수 있고, 힘주어 말하고 싶다면 '추려내다·솎아내다·가려내다'라 하면 됩니다.

- 이것만은 확실히 알아야 한다고 할 **정선(精選)**된 기초만 학생이 익히면 된다면서 실제로는 한없이 많은 '정선'된 내용으로 오히려
- → 이것만은 꼭 알아야 한다고 할 **가려뽑은** 밑지식만 학생이 익히면 된다면서 막상 끝없이 많은 '가려뽑은' 줄거리로 오히려
- → 이것만은 제대로 알아야 한다고 할 **추려낸** 바탕지식만 학생이 익히면 된다면서 정작 끝없이 많은 '추린' 줄거리로 오히려

조도(照度)

- **조도(照度):** [물리] = 조명도
- **조명도(照明度):** [물리] 단위 면적이 단위 시간에 받는 빛의 양 ≒ 비침도·조도(照度)

'조명도'를 가리키는 '조도'를 '조도(照度)'로 적기보다는 '불빛'
이나 '밝기'로 고쳐쓰면 더욱 알아보기 좋습니다. 보기글에서
는 조금 어두운 시카고라는 도시를 말하니, 밤에 불빛을 밝
게 하지 않는다는 뜻입니다. 이러한 결대로 쓰면 됩니다.

- 조금 어두운 시카고에서의 첫 밤, **조도(照度)**를 낮춘 이 도시의 얼
  굴이
→ 조금 어두운 시카고에서 첫 밤, **불빛**을 낮춘 이 도시 얼굴이
→ 조금 어두운 시카고에서 맞는 첫 밤, **밝기**를 낮춘 이 도시 얼굴이

조로(早老)

- **조로(早老):** 나이에 비하여 빨리 늙음

한글로 '조로'라고만 적으면 헷갈리거나 못 알아볼 수 있습니다. 한자를 달기보다는 '빨리 늙다'나 '일찍 늙다'가 한결 알아보기 쉽습니다. 또는 '애늙은이'라 할 수 있습니다.

- 아마도 제가 성급했고, **조로(早老)**했을 수도 있을 것입니다만
- → 아마도 제가 섣불렀고, **빨리 늙었을** 수도 있습니다만
- → 아마도 제가 설익었고, **애늙은이 같을** 수도 있습니다만

조석(潮汐)

- **조석(潮汐):** [지리] 1. 달, 태양 따위의 인력에 의하여 해면이 주기적으로 높아졌다 낮아졌다 하는 현상. 보통 12시간 25분의 간격으로 하루에 두 번 일어난다. 지구의 자전, 달과 태양의 상대적 위치에 따르는 변화, 지형의 영향 따위로 복잡한 양상을 보인다 2. = 미세기
- **미세기:** 밀물과 썰물을 통틀어 이르는 말

한자말 '조석'은 '潮 + 汐'이요, '밀물(潮) + 썰물(汐)'입니다. 우리말로 '밀물썰물'이라고 적으면 가장 쉽습니다. 밀물하고 썰물을 아우르는 '미세기'라는 낱말도 있습니다.

- ● 지구와 달의 인력에 의한 **조석(潮汐)** 운동
- → 지구와 달이 끌어당기는 **미세기**
- → 지구와 달이 서로 당기는 **밀물썰물**

졸저(拙著)

• **졸저(拙著)**: 1. 솜씨가 서투르고 보잘것없는 저술 2. 자기의 저술을 겸손하게 이르는 말

글쓴이 스스로 '서투르'거나 '보잘것없'다며 낮추는 몸짓을 나타낸다는 한자말 '졸저'입니다. 그런데 서투르거나 보잘것없다면 '서투른 책'이나 '보잘것없는 책'이라 하면 되어요. '모자란 책'이나 '어설픈 책', '어쭙잖은 책'이라 해도 됩니다. 보기글에서는 뒤에 '만족'한다는 말이 있으니 앞에 쓴 '졸저(拙著)'가 빈말이거나 앞뒤가 어울리지 않는 글월입니다.

● 한국에서 나의 사진집을 출간하게 되었다. 일본에서 출판된 **졸저(拙著)**의 원본 《한국원영》과 더불어 만족할 만한 출판이 되었고

→ 한국에서 내 사진책을 펴낸다. 일본에서 펴낸 책 《한국원영》과 더불어 마음에 드는 책이 되었고

→ 한국에서 내 사진책을 낸다. 일본에서 펴낸 《한국원영》과 더불어 기쁘고

→ 한국에서 내 사진책을 낸다. 일본에서 낸 여러모로 **어쭙잖은** 《한국원영》과 더불어 기쁘고

좌수(左手)

- **좌수(左手):** = 왼손
- **왼손:** 왼쪽 손 ≒ 좌수(左手)

왼쪽에 붙은 손이니 '왼손'입니다. 오른쪽에 붙은 손이니 '오른손'입니다. 예전에도, 오늘날도, 앞으로도 왼쪽하고 오른쪽입니다. 사전을 보면 '왼손'이라는 낱말에 '좌수'를 비슷한 말로 붙이는데, 이렇게 붙일 까닭 없이 털어낼 노릇입니다.

- 고봉한이 병으로 오른손이 마비되자 할 수 없이 왼손으로 일품(逸品)을 남겼듯이, 겸여는 **좌수(左手)**로써 더 고아(古雅)한 글씨를 남기셨다
- → 고봉한이 병으로 오른손이 굳어지자 할 수 없이 왼손으로 뛰어난 작품을 남겼듯이, 겸여는 **왼손**으로 더 예스럽고 소담한 글씨를 남기셨다
- → 고봉한이 병으로 오른손이 굳자 할 수 없이 왼손으로 훌륭한 작품을 남겼듯이, 겸여는 **왼손** 글씨로 더 예스럽고 소담한 글씨를 남기셨다
- → 고봉한이 병으로 오른손이 굳자 할 수 없이 왼손으로 빼어난 작품을 남겼듯이, 겸여는 **왼손** 붓질로 더 예스럽고 소담한 글씨를 남기셨다
- → 고봉한이 병으로 오른손이 굳자 할 수 없이 왼손으로 엄청난 작품을 남겼듯이, 겸여는 **왼손**을 써서 더 예스럽고 소담한 글씨를 남기셨다

주(主) 부(副)

- **주(主):** 1. 주요하거나 기본이 되는 것을 이르는 말 2. '주요한', '일차적인'의 뜻을 나타내는 말 3. 주장이나 중심이 되다
- **부(副):** 1. '버금가는'의 뜻을 더하는 접두사 2. '부차적인'의 뜻을 더하는 접두사

'주(主)'하고 '부(副)'는 '먼저 · 나중'이나 '앞 · 뒤'나 '으뜸 · 버금 (으뜸 · 딸림)'이나 '첫째 · 둘째'나 '크다 · 작다'로 손질해서 새롭게 쓰면 좋겠습니다.

- ● 그림책의 글과 그림은 어느 쪽이 **주(主)**도 아니고 **부(副)**도 아니다. 각각 독자적인 영역을 가지면서 하나로 융합된 또 다른 세계를 창조할 때 서로 그 빛을 더해 준다
- → 그림책에서 글과 그림은 어느 쪽이 **먼저**도 아니고 **나중**도 아니다. 저마다 남다른 자리를 차지하면서 하나로 모인 또 다른 세계를 지을 때 서로 그 빛을 더해 준다
- → 그림책에서 글과 그림은 어느 쪽이 **앞**도 아니고 **뒤**도 아니다. 저마다 남다른 자리에 있으면서 하나로 엮은 또 다른 나라를 지을 때 서로 그 빛을 더해 준다
- → 그림책에서 글과 그림은 어느 쪽이 **으뜸**도 아니고 **딸림**도 아니다. 저마다 남다른 자리를 지키면서 하나로 모은 또 다른 나라를 지을 때 서로 그 빛을 더해 준다

주입(注入)

- **주입(注入):** 1. 흘러 들어가도록 부어 넣음 2. [교육] 기억과 암기를 주로 하여 지식을 넣어 줌

'주입식 교육'이라는 말을 워낙 흔히 쓰다 보니 관용구처럼 사람들 입에 붙었습니다. 말뜻을 잘 헤아리도록 돕고자 한다면 한자를 달기보다는 우리말로 '부어 넣다'나 '집어넣다'를 쓰면 됩니다. '쑤셔 넣다'나 '마구 넣다' 같은 말을 쓸 수도 있습니다. '주입식 교육'은 아이들이 지식을 외우도록 닦달하는 만큼 '지식 외우기'나 '지식 집어넣기'로 적어도 잘 어울립니다.

- 선생님은 많은 지식의 **주입(注入)**을 배격하시고 10대가 된 에밀의 삶에 필요한 지식만을 완전히 습득할 수 있게끔 지도하셨습니다
→ 선생님은 많은 **지식 외우기**를 물리치시고, 열 살이 된 에밀한테 삶에 이바지할 지식만 제대로 익힐 수 있게끔 이끄셨습니다

즐문토기(櫛文土器)

- **즐문토기(櫛文土器):** [고적] = 빗살무늬^토기
- **빗살무늬^토기(-土器):** [고적] 표면에 빗살 같은 줄이 새겨지거나 그어져 있는 신석기 시대의 토기

'즐문토기'나 '櫛文土器'나 '즐문토기(櫛文土器)'는 모두 알아보기가 쉽지 않습니다. '櫛文'도 '土器'도 우리가 두루 쓰는 말이 아니기 때문입니다. 이렇게 쓰고 '빗살무늬 토기'를 달기보다는 그저 '빗살무늬 토기'로 쓰면 그만입니다. 또는 '빗살무늬 흙그릇'으로 쓸 수 있고요. 무늬가 없을 적에는 '민무늬'로 씁니다.

- 아아, 이건 마치 **즐문토기(櫛文土器, 빗살무늬 토기)**와 비슷하군, 하고 그는 건물 가까이 다가가 생각했다
→ 아아, 이건 마치 **빗살무늬 흙그릇**과 비슷하군, 하고 그는 건물 가까이 다가가 생각했다

지(知)

- **지(知):** 사물을 인식하고 옳고 그름을 판단하는 능력
- **지(知/智):** 사물의 이치를 밝히고 그것을 올바르게 판별하고 처리하는 능력
- **앎:** 아는 일
- **슬기:** 사리를 바르게 판단하고 일을 잘 처리해 내는 재능

사전을 살피면 '知'하고 '智'를 따로 올림말로 다룹니다. 이 한자는 '알다·앎(知)'하고 '슬기(智)'를 가리킵니다. 지난날 한문으로 글을 쓰던 무렵에는 '知'하고 '智'로 생각을 나타냈다면, 오늘날에는 '알다·앎'하고 '슬기'로 나타내면 됩니다.

● 에키켄이 자득에 의해 추구하는 **지(知)**의 세계가 바로 위에서 말한 소독에 의한 독서에서 추구하는 것과 같다

→ 에키켄이 스스로 얻으려 하는 **앎**이란 세계가 바로 앞에서 말한 떠듬떠듬 읽어 깨달으려 하는 모습과 같다

→ 에키켄이 스스로 찾으려 하는 **슬기**로운 세계가 바로 앞에서 말한 떠듬떠듬 읽어 알아채려 하는 모습과 같다

지근(至近)

- **지근거리(至近距離)**: 지극히 가까운 거리
- **지근(至近)하다**: 거리나 정의(情誼) 따위가 더할 수 없이 가깝다

'매우 가까운 거리'를 '지근(至近)'이라고 하는데 그냥 '가까운 거리'라 하면 됩니다. 매우 가깝다면 '매우 가까운 거리'라 하면 되고, '코앞'하고 '눈앞'도 써 볼만 합니다. '바로 곁'이나 '바로 옆', '바로 앞', '바로 뒤' 같은 말도 잘 어울립니다.

- 욕망은 상상의 **지근(至近)**거리에 있지만
- → 욕망은 상상과 **가까운** 거리에 있지만
- → 욕망은 상상과 **매우 가까이** 있지만
- → 욕망은 상상 **곁**에 있지만

지산지소(地産地消)

- 지산지소: ×
- ちさんちしょう(地産地消): 지방소비(地方消費)

'地産地消'라는 한자로 적는 '지산지소'는 일본말이기 때문에 한국말사전에 없습니다. 일본말사전에는 '지방소비'로 풀이해 놓는데, '지역 생산 지역 소비'를 하자는 물결에 맞추어 태어난 말이라고 합니다. 이는 '마을두레'나 '마을살림'이라고 해 볼 만합니다. 마을에서 손수 지어서 손수 누린다고 하는 길이기에 '마을 + 두레/살림'입니다. 또는 '마을짓기·마을가꾸기'일 수 있을 테고요.

- 향토서 서가를 충실하게 만드는 것이다. 그 연장선으로 책의 **지산지소(地産地消)**를 생각한다
- → 우리 고장 책을 살뜰히 갖추려 한다. 이에 마을에서 **책을 쓰고 마을에서 나눌 길**을 생각한다
- → 마을책 책꽂이를 알뜰히 꾸미려 한다. 이에 따라 **마을에서 책을 지어 마을에서 읽는 길**을 생각한다
- → 마을 이야기를 다룬 책을 알차게 갈무리하려 한다. 이러면서 **책으로 짓는 마을살림**을 생각한다

지천명(知天命)

- **지천명(知天命):** 1. 하늘의 뜻을 앎 2. 쉰 살을 달리 이르는 말. 《논어》〈위정편(爲政篇)〉에서, 공자가 쉰 살에 하늘의 뜻을 알았다고 한 데서 나온 말이다

중국 옛이야기에 나오는 한자말을 따서 나이를 가리키기도 합니다. 이때 우리는 한 가지를 생각해 볼 수 있습니다. 중국 사람은 한자말로 그들 뜻을 담았으면, 한국사람은 한국말로 우리 뜻을 담을 만합니다. 하늘이 어떤 뜻인지를 안다면 '하늘뜻을 안다'고 할 만합니다. 이를 '하늘알이'나 '하늘앎', '하늘슬기'처럼 간추려서 말할 수 있습니다.

- 오십이면 **지천명(知天命)** 하늘의 뜻을 아는 나이 그러니 어른이다
- → 쉰이면 **하늘뜻을 아는 나이** 그러니 어른이다
- → 쉰이면 **하늘알이**, 하늘을 아는 나이 그러니 어른이다

지하(地下)

- **지하(地下):** 1. 땅속이나 땅속을 파고 만든 구조물의 공간 2. '저승'을 비유적으로 이르는 말 3. 사회 운동, 정치 운동, 저항 운동 따위를 비합법적으로 숨어서 하는 영역

'지하'는 '땅속'을 가리키는 한자말입니다. '지하실'처럼 한자를 달지 않아도 아는 낱말인데 보기글에서는 굳이 한자를 붙였습니다. '땅속'을 가리키려 하는지, '저승'을 가리키려 하는지 알 길이 없습니다. 이 두 가지를 아우르려는 마음일 수도 있는데, 그렇다면 '어둠'이라고 쓸 수 있습니다. 땅속은 어둡기 마련이고, 죽음이나 저승은 어둠으로 빗대곤 하니까요.

- 잠든 아이의 창가에 **지하(地下)**가 온다
- → 잠든 아이 창가에 **어둠**이 온다
- → 잠든 아이 창가에 **죽음**이 온다

진선미(眞善美)

- **진선미(眞善美):** 참됨, 착함, 아름다움을 아울러 이르는 말
- **진(眞):** [논리] '참'의 전 용어
- **미(美):** ×
- **선(善):** 1. 올바르고 착하여 도덕적 기준에 맞음 2. [철학] 도덕적 생활의 최고 이상

사전을 살피면 '美'는 따로 안 나오고, '眞'은 '참'을 나타내는 예전 낱말이라고 다룹니다. '善'은 철학에서는 아직 그대로 쓰는 듯하지만 '착함'으로 손볼 수 있습니다. 조금 더 생각을 펼치면 '진·선·미'를 '참·착함·아름다움'이나 '참됨·착함·고움'처럼 손쉽게 나타낼 수 있습니다.

- 어린이들이 어른들에 오염되지 않고 순수한 어린이의 마음 그대로라면 그들의 말과 행동은 그대로 **진(眞)**이요, **미(美)**요, **선(善)**이기 때문이다

→ 어린이들이 어른들한테 물들지 않고 깨끗한 어린이 마음 그대로라면 어린이 말과 몸짓은 그대로 **참이요, 아름다움이요, 착함이기** 때문이다

→ 어린이가 어른한테 물들지 않고 맑은 어린이 마음 그대로라면 어린이 말과 몸짓은 그대로 **참되고, 고우며, 착하기** 때문이다

진실미(眞實美)

- **진실미(眞實美):** 참되고 바른 것이 지니는 아름다움
- **참되다:** 진실하고 올바르다
- **참답다:** 거짓이나 꾸밈이 없이 진실하고 올바른 데가 있다

참되고 바른 아름다움이라면 이대로 쓰면 됩니다. 사전을 살펴보면 '참되다'나 '참답다'라는 낱말에 '올바르다'는 뜻이 함께 깃드니, "참되고 바른 아름다움"처럼 길게 안 쓰고 '참된 아름다움'이나 '참다운 아름다움'이라 써도 됩니다. 짤막하게 '참아름다움'이나 '참아름'처럼 새 낱말을 지어 보아도 됩니다.

- 주관을 넣으면 넣을수록 **진실미(眞實美)**는 그 가치를 발휘할 기회를 더욱더 갖게 되는 것이다
- → 내 생각을 넣으면 넣을수록 **참되고 바른 아름다움**은 그 값을 뽐낼 길이 더욱더 생긴다
- → 우리 생각을 넣으면 넣을수록 **참다운 아름다움**은 제값을 빛낼 길을 더욱더 연다

짧은 글(短文)

· **단문(短文):** 짧은 글

'짧은 글'이라고 한 다음에 '短文'이라는 한자를 덧대지 않아도 됩니다. 못 알아들을 사람이 없습니다. '짧은글'이나 '긴글 · 짤막글 · 토막글 · 조각글'처럼 한 낱말로 새로 지어서 써도 좋습니다.

● 그 가운데서 두세 편을 제외하면, 모두 사회비평 성격의 '**짧은 글(短文)**'들이다

→ 그 가운데서 두세 꼭지를 빼면, 모두 사회비평을 한 **짧은 글**이다

→ 그 가운데서 두세 꼭지를 빼면, 모두 사회비평을 한 **짤막한 글**이다

→ 그 가운데서 두세 꼭지를 빼면, 모두 사회비평을 한 **토막글**이다

창천(蒼天)

- **창천(蒼天):** 1. 맑고 푸른 하늘 ≒ 궁창(穹蒼)·창공(蒼空)·창궁(蒼穹)·창호(蒼昊)

한자말 '창천'은 "맑고 푸른 하늘"을 가리킵니다. 그렇지만 하늘빛은 '푸르다'가 아닌 '파랗다'고 해야 올바르니 '맑고 파란 하늘'로 풀이말을 붙여야 합니다. 파랑하고 푸름은 다른 빛깔이에요. 풀빛은 파랑이 아니고, 파랑은 풀빛이 아닙니다. 사전을 보면 '궁창·창공·창궁·창호'처럼 비슷한말을 줄줄이 붙입니다. 이 가운데 '창공'은 더러 볼 수 있는데 이 한자말은 지난날 정치권력자나 지식인이 중국을 섬기며 중국말로 쓰던 낡은 말입니다. '창천'을 비롯한 낡은 한자말을 쓰기보다는 '파란하늘'이라는 말을 새로 지어서 쓸 수 있습니다.

- 영원한 **창천(蒼天)** 아래, 시작의 순간 저 너머에서 부각되어 올라오는 목소리
→ 가없이 **파란 하늘** 밑, 처음 일어나는 저 너머에서 도드라지게 올라오는 목소리
→ 끝없이 **파란 하늘** 밑, 비롯하는 저 너머에서 굵직하게 올라오는 목소리

처지(處地)

- **처지(處地):** 처하여 있는 사정이나 형편
- **처하다(處-):** 1. 어떤 형편이나 처지에 놓이다 2. 어떤 책벌이나 형벌에 놓이게 하다

'처지'라는 낱말은 한자말이어도 그냥 한글로 적으면 됩니다. 한자를 붙이면 오히려 헷갈릴 수 있습니다. 사전에서는 '처지'를 "처하여 있는 사정"이라 풀이하면서 '처하다'는 "처지에 놓이다"로 풀이하니 돌림풀이입니다. '처지(處地)'처럼 쓰기보다는 '놓인 자리'나 '선 자리'로 손볼 수 있고 생각을 더 넓히면 '삶자리 · 살림자리 · 살림새'로 쓸 수 있습니다.

- ● 그 사람의 됨됨이에 있기도 하겠지만 그 사람의 **처지(處地)**에 있다는 것을 알기까지는
- → 그 사람 됨됨이에 있기도 하겠지만 그 사람 **처지**에 있는 줄 알기까지는
- → 그 사람 됨됨이에 있기도 하겠지만 그 사람 **삶자리**에 있는 줄 알기까지는
- → 그 사람 됨됨이에 있기도 하겠지만 그 사람이 **선 자리**에 있는 줄 알기까지는

천개(天蓋)

- **천개(天蓋):** 1. 관(棺)의 뚜껑 2. [불교] 불상을 덮는 일산(日傘)이나 법당 불전(佛殿)의 탁자를 덮는 닫집. 부처의 머리를 덮어서 비, 이슬, 먼지 따위를 막는다

관에 있는 뚜껑이라면 '관 뚜껑'이라 하면 됩니다. '천개'든 '천개(天蓋)'든 알아보기 어렵습니다. 위쪽을 덮는 구실을 할 뿐, 딱히 관을 덮는 것하고 닮지 않았다면 '덮개·뚜껑·씌우개'라고만 해도 됩니다.

- 나는 **천개(天蓋)**와 같은 루나의 윗부분을 탐색했다
- → 나는 **관 뚜껑**과 같은 루나 위쪽을 살펴봤다
- → 나는 **덮개**처럼 생긴 루나 위쪽을 살펴봤다

천미(天味)

- **천미(天味):** 자연의 풍치
- **풍치(風致):** 1. 훌륭하고 멋진 경치 2. 격에 맞는 멋

한자말 '천미'는 "자연의 풍치"를 뜻한다고 하니 보기글에서 나타내려는 '맛'하고는 좀 동떨어집니다. 보기글은 일본사람 이야기를 다룬 책에서 뽑았기에 말뜻도 일본에서 쓰는 뜻을 그대로 따른 듯합니다. 아무래도 일본 한자말 '天味'는 '하늘이 내린 맛'이나 '자연(숲)이 내린 맛'을 가리키지 싶습니다. 이 자리에서는 뜻이 동떨어진 한자말로 적기보다 '하늘이 내린 맛'으로 적거나 '하늘맛·제맛·숲맛·참맛' 가운데 하나를 써야 알맞습니다.

- 로산진이 말하는 미식의 본질은 이처럼 '**천미(天味)**'를 그대로 받아 들이는 것이다
- → 로산진이 말하는 좋은 밥은 이처럼 '**하늘맛**'을 그대로 받아들인다
- → 로산진이 말하는 참된 맛은 이처럼 '**숲맛**'을 그대로 받아들인다
- → 로산진이 말하는 아름다운 맛은 이처럼 '**제맛**'을 그대로 받아들인다

체비지(替費地)

- **체비지(替費地):** 토지 구획 정리 사업의 시행자가 그 사업에 필요한 재원을 확보하기 위하여 환지(換地) 계획에서 제외하여 유보한 땅

'체비지(替費地)'에서 '替'는 '바꾸다', '費'는 '쓰다'를 뜻합니다. 두 한자를 헤아려도 '替費 + 地'를 어림하기는 어렵습니다. '체비지'를 전문 낱말로 삼을 수 있겠지만 '남기는 땅'이나 '묵히는 터'로 손질할 수도 있습니다. '남긴터·남긴땅'이나 '묵힌터·묵터·묵땅'처럼 새로운 낱말을 지을 수 있습니다.

- 약 1000여 평 남짓한 이 땅은 서울시 **체비지(替費地)**입니다
- → 한 1000평 남짓한 이 땅은 서울시가 나중에 쓰려고 **묵혔습니다**
- → 얼추 1000평 남짓한 이곳은 서울시에서 **남겨 놓은 땅**입니다

초적(草笛)

- **초적(草笛):** = 풀잎피리
- **풀피리:** = 풀잎피리
- **풀잎피리:** 두 입술 사이에 풀잎을 대거나 물고 부는 것 ≒ 초금(草琴)·초적(草笛)·풀피리·호가(胡笳)

예부터 사람들이 풀잎을 훑어서 피리로 삼았으면 '풀잎피리'입니다. '풀피리'이기도 하고요. '버들피리'는 버들잎을 피리로 삼으면서 태어난 말입니다. '댓잎피리'라든지 '뽕잎피리'라든지 '모싯잎피리' 같은 말도 태어날 만합니다. 풀잎이 아닌 나뭇잎을 피리로 삼는다면 '나뭇잎피리'가 되겠지요. 이를 굳이 '초적(草笛)'처럼 한자말로 옮겨야 할 까닭은 없습니다. 사전을 보면 '초적'뿐 아니라 '초금'이나 '호가' 같은 한자말도 있다고 나오지만, 이런 한자말은 쓸 일이 없습니다.

- 자연 그대로의 소리를 내기 위해 풀잎이나 댓잎과 같은 이파리를 입술로 불어 연주하는 **초적(草笛)**, 즉 풀피리도 있다
- → 자연 그대로 소리를 내려고 풀잎이나 댓잎과 같은 이파리를 입술로 부는 **풀피리**도 있다
- → 숲을 그대로 소리내려고 풀잎이나 댓잎과 같은 이파리를 입술로 푸는 **풀잎피리**도 있다

초혼(招魂)

• **초혼(招魂):** [민속] 사람이 죽었을 때에, 그 혼을 소리쳐 부르는 일

'초혼'은 죽은 사람 넋을 소리쳐 부르는 일이라고 합니다. 보기글은 "초혼을 부르짖으면서"라 하니 겹말입니다. 이 글월은 '招魂'이라는 한자를 달아 놓는다고 해서 뜻을 알기 좋지도 않지만, 얼개도 얄궂습니다. '초혼을 하면서'로 고치든지 '떠난 이름을 부르짖으면서'나 '죽은 넋을 부르짖으면서'로 고쳐야 알맞습니다. 또는 '넋부르기' 같은 낱말을 새로 지어서 '넋부르기를 하면서'처럼 적어 볼 수 있습니다.

● 인간은 주관적인 판단으로 아름다운 생명을 향한 **초혼(招魂)**을 부르짖으면서, 한편으로는 일회용 그릇을 계속 사용하고

→ 사람은 제 생각만으로 아름다운 목숨을 바라보며 **떠난 이름을 부르짖으면서**, 한쪽에서는 한쓰임 그릇을 그대로 쓰고

→ 사람은 제멋대로 아름다운 목숨을 바라보며 **죽은 넋을 부르짖으면서**, 다른 쪽에서는 한 번 쓰고 버리는 그릇을 자꾸 쓰고

촌락(村落)

- **촌락(村落):** 1. = 마을 2. 시골의 작은 마을

'촌락'이라는 한자말은 '마을(村) + 마을(落)'인 얼거리입니다. 이 한자말을 굳이 쓰고 싶다면 쓸 수 있지만 '마을'이라고만 쓰면 한결 쉽고 또렷합니다. 우리말 '마을·시골·시골마을' 가운데 하나를 알맞게 골라서 쓰면 됩니다.

- 참말로 별일이다 내 꿈속의 어떤 **촌락(村落)**에서는 헐벗은 눈물과 눈물들이
- → 참말로 드문 일이다 내 꿈속 어떤 **마을**에서는 헐벗은 눈물과 눈물이
- → 참말로 새삼스럽다 내 꿈속 어떤 **시골**에서는 헐벗은 눈물과 눈물이
- → 참말로 아리송하다 내 꿈속 어떤 **시골마을**에서는 헐벗은 눈물과 눈물이

총량(總量)

- **총량(總量):** 전체의 양(量) 또는 무게

부피나 무게가 모두 얼마나 되는가를 놓고 '총량'이라는 한자 말을 씁니다. 우리말로 하자면 '모든 부피'나 '모든 무게'입니다. 보기글에서는 '총량(總量)'으로 쓰는데 이보다는 '무게가 얼마인가'로 쓰면 알아보기에 한결 낫습니다. 여기에서는 '얼마나 넉넉한가'나 '얼마나 너른가'로도 쓸 수 있습니다.

- 그래서 가끔은 내 언어의 총량(總量)에 관해 고민한다
- → 그래서 가끔은 내 말은 **무게가 얼마나** 되는가 살핀다
- → 그래서 가끔은 내 말이 **얼마나 넉넉**한가를 걱정한다
- → 그래서 가끔은 내 말이 **얼마나 너른**가를 돌아본다
- → 그래서 가끔은 내가 말을 **얼마나 아는**가를 곱씹는다

측선(側線)

· **측선(側線):** 1. = 옆줄 2. [교통] 철도에서, 열차의 운행에 늘 쓰는 선로(線路) 이외의 선
로 3. [동물] = 옆줄

옆에 있는 줄이라면 '옆줄'입니다. 앞이면 '앞줄'이고, 뒤라면
'뒷줄'이지요. 겉에 있는 줄이라면 '겉줄'이고, 속에 있으면
'속줄'입니다. 이런 말을 애써 한자로 옮기려 하니까 자꾸 어
렵습니다.

● 비늘들이 물고기의 측면을 따라 한 줄로 길게 늘어서서 **측선(側線)**을
형성하기 때문이다

→ 비늘이 물고기 옆을 따라 한 줄로 길게 늘어서서 **옆줄**을 이루기 때문
이다

치어(稚魚)

- **치어(稚魚):** 알에서 깬 지 얼마 안 되는 어린 물고기

어린 물고기라면 '어린 물고기'나 '새끼 물고기'라 하면 됩니다. 이처럼 쓰면 누구나 잘 알아봅니다. '새끼고기·어린고기'나 '새끼물고기·어린물고기'라는 낱말을 새로 지을 수도 있습니다.

- 치어(稚魚)의 경우는 더욱 어렵다
- → **새끼 물고기**는 더욱 어렵다
- → **어린 물고기**는 더욱 어렵다

침(針)

- **침(針):** 1. = 바늘 2. [식물] = 가시
- **침(鍼):** [한의학] 사람의 몸에 있는 혈(穴)을 찔러서 병을 다스리는 데에 쓰는 의료 기구

'침'이라고만 적으면 입에서 나오는 물하고 헷갈릴까요? 또는 한의사가 쓰는 바늘하고 헷갈릴까요? 보기글에 나오는 '針'은 '바늘'이나 '가시'를 가리킵니다. 이 자리에서는 '침(針)'이라 하면 외려 더 헷갈리겠구나 싶습니다. '바늘'인지 '가시'인지, 아니면 '바늘가시'인지 찬찬히 살펴서 적바림하면 좋겠습니다.

- 그 말을 부정하면서 **침(針)**을 주듯이 우주를 타일러 잠든 밤
- → 그 말을 손사래치면서 **바늘**을 주듯이 우주를 타일러 잠든 밤
- → 그 말을 거스르면서 **가시**를 주듯이 우주를 타일러 잠든 밤

타(他)

• **타(他):** 1. 다른 사람 2. '다른'의 뜻을 나타내는 말

"타의 모범이 되므로" 같은 말씨는 일제강점기 인저리에 들어왔습니다. 꽤 오랫동안 이 말씨가 쓰이는데 '남들한테 거울이 되므로'나 '이웃한테 좋은 모습이 되므로', '사람들한테 훌륭히 깨우쳐 주므로'로 고쳐쓰면 됩니다. 보기글 "타(他)의 도움 없이"는 '아무 도움 없이'나 '어떠한 도움 없이', '돕는 사람 없이', '돕는 손길 없이', '누가 돕지 않아도', '누구 도움이 없어도'로 손질해 볼 만합니다.

● 이것은 끝없는 반복인 동시에 **타(他)**의 도움 없이 스스로 혹은 자연스레 일어난다는 것이다

→ 이는 끝없이 되풀이되면서 **다른** 도움 없이 스스로 또는 저절로 일어난단다

→ 이는 끝없이 되풀이되면서 **아무** 도움 없이 스스로 또는 저절로 일어난단다

→ 이는 끝없이 되풀이되면서 **다른 누가** 도와주지 않아도 스스로 또는 저절로 일어난단다

타력(他力)

- **타력(他力):** 1. 남의 힘 2. [불교] 부처나 보살의 능력. 또는 그것을 자기의 성불의 힘으로 삼는 일

'타력'이란 무엇일까요. 한글로 적어서 헷갈린다면 이 낱말은 그다지 쓸 만하지 않습니다. '다른 사람 힘'을 가리킨다고 하는데 보기글에는 '떠밀리다'나 '밀리다'라는 낱말을 넣으면 한결 잘 알아볼 수 있습니다. 또는 '등을 떠밀리다'나 '억지로 하다'처럼 써 볼 수 있습니다.

- 제가 원한 게 아니고 스승님이 하라고 해서 한 셈이죠. 완전히 **타력(他力)**이었어요
- → 제가 바라지 않았고 스승님이 하라고 해서 한 셈이죠. 아주 **떠밀렸어요**
- → 제가 바라지 않았고 스승님이 하라고 해서 한 셈이죠. 등을 **떠밀렸어요**
- → 제가 바라지 않았고 스승님이 하라고 해서 한 셈이죠. **아주 억지로 했어요**
- → 제가 바라지 않았고 스승님이 하라고 해서 한 셈이죠. **등을 밀려서 했어요**

파랑(波浪)

- **파랑(波浪)**: 잔물결과 큰 물결

살거나 큰 물결을 아울러서 '파랑'이라 한다는데, '물결'이라고만 해도 됩니다. 잘거나 큰 물결을 따로 나타내려면 '잔물결과 너울'이라 하면 되고, 보기글에서는 '물결 · 물살 · 너울' 가운데 한 가지를 적으면 됩니다.

●   일제히 몰려드는, 자글자글한 **파랑(波浪)**들

→   한꺼번에 몰려드는 자글자글한 **물결**

→   한꺼번에 몰려드는 자글자글한 **물살**

파설초(破雪草)

- **파설초(破雪草):** ×
- **노루귀:** 미나리아재빗과의 여러해살이풀

사전에는 '파설초'가 없습니다. 눈을 헤치는 모습에 빗대어 '破(헤치다) + 雪(눈) + 草(풀)'라는 한자 이름을 지었구나 싶습니다. 없던 이름을 새로 짓는다면 '눈 + 헤치다 + 풀'이라는 얼개로 '눈헤침꽃' 같은 이름을 쓸 만합니다.

- ● 눈을 헤치고 꽃이 핀다고 해서 **파설초(破雪草)**라 부르는 노루귀
- → 눈을 헤치고 꽃이 핀다고 해서 **눈헤침꽃**이라 하는 노루귀

표지(標識)

- **표지(標識):** 1. 표시나 특징으로 어떤 사물을 다른 것과 구별하게 함. 또는 그 표시나 특징 2. [철학] 다른 대상과 구별하여 어떤 대상을 확정하고, 그것을 인식할 수 있게 하는 표상적(表象的) 또는 개념적 특성

'표지판(標識板)'이라는 한자말을 곧잘 씁니다. 무엇을 알리는 판을 가리킵니다. '표지판'은 '알림판'으로 손질할 수 있습니다. 보기글에 나오는 '표지'라면 '알림글·알림짓(알리는 몸짓)·길잡이'로 손볼 수 있습니다. "말해 주는 일종의 표지(標識)"를 통째로 손질해서 '말해 준다고 읽을 수 있다'나 '말해 준다고 할 수 있다'로 써도 됩니다.

- 그 여자의 행동거지 하나하나는 그녀가 어떤 식으로 대접받기를 원하는지를 말해 주는 일종의 **표지(標識)**로 읽을 수 있다
→ 그 여자가 보이는 몸짓 하나하나는 그이가 어떻게 대접받기를 바라는지를 말해 주는 **길잡이**로 읽을 수 있다
→ 그 여자가 하는 몸짓 하나하나는 스스로 어떻게 대접받기를 바라는지를 **말해 준다고** 읽을 수 있다
→ 그 여자가 하는 몸짓 하나하나는 스스로 어떻게 대접받기를 바라는지를 **말해 주는 뜻으로** 읽을 수 있다

표토(表土)

- **표토(表土)**: 1. [고적] 유적(遺跡)에 퇴적한 토층(土層)의 가장 윗부분. '겉흙', '지표', '표층토'로 순화
- **겉흙**: 1. 맨 위에 깔린 흙 2. [농업] = 경토(耕土)

'표토'는 겉에 있는 흙이니 '겉흙'입니다. 말 그대로입니다. 보기글에서라면 '갈이흙'도 어울립니다. 한자말을 잔뜩 써서 '표면에 퇴적한 토양'이라 한다면 '표토'가 될 테지요. 그러나 알아보기 쉬운 '겉흙'이나 '갈이흙'이라는 우리말이 있는데도 쓰지 않을 까닭은 없습니다. 즐겁게 나누면서 산뜻하게 살릴 말을 그려 봅니다.

- 자연 농법의 기본은 논밭의 표면에 있는 흙, 즉 '**표토(表土)**'를 가만히 두는 것입니다
→ 자연 농법에서 바탕은 논밭 겉에 있는 흙, 곧 '**겉흙**'을 가만히 둡니다
→ 자연 농법에서 바탕은 논밭 겉에 있는 흙, 이른바 '**갈이흙**'을 가만히 둡니다

풍요(豊饒)

- **풍요(豊饒):** 흠뻑 많아서 넉넉함

넉넉하면 '넉넉하다'고 하면 됩니다. 푸지거나 푸짐하면 '푸지다'나 '푸짐하다'고 하면 됩니다. 돈이 넉넉하다면 '돈이 넉넉하다'고 하거나 '돈잔치'라 할 수 있고, '넉넉잔치'나 '푸짐잔치' 같은 말을 지을 수 있습니다. 넉넉하다고 할 적에는 '배부르다'라는 낱말로 느낌을 살릴 수 있습니다.

- 과학자, 특히 물리학자들에게는 이런 일은 전례가 없는 **풍요(豊饒)**를 뜻하는 것이다
→ 과학자, 누구보다 물리학자한테는 이런 일은 여태 없는 **배부름**을 뜻한다
→ 과학자, 이 가운데 물리학자한테는 이런 일은 여태 없는 **넉넉함**를 뜻한다

하오(下午)

- **하오(下午):** = 오후(午後)
- **오후(午後):** 1. 정오(正午)부터 밤 열두 시까지의 시간 2. 정오부터 해가 질 때까지의 동안
- **낮:** 1. 해가 뜰 때부터 질 때까지의 동안 2. 아침이 지나고 저녁이 되기 전까지의 동안 3. = 한낮

'하오'는 '오후'를 가리킨다 하고, 오후는 '낮'을 가리킵니다. '낮'이라는 낱말이 있는데 굳이 한자를 따로 달아 '하오·오후'를 쓸 까닭은 없습니다.

- ● 봄날의 **하오(下午)**가 하도 지루해서
- → 봄날 **낮**이 하도 지루해서
- → 봄날 **낮나절**이 하도 지루해서

한역(漢譯) 문자(文字)

- **한역(漢譯):** 한문으로 번역함. 또는 그런 글이나 책
- **문자(文字):** 1. [언어] 인간의 언어를 적는 데 사용하는 시각적인 기호 체계. 한자 따위의 표의 문자와 로마자, 한글 따위의 표음 문자로 대별된다

한문으로 옮겼다면 '한문으로 옮겼다'고 하면 됩니다. 글씨는 '글씨'라 하면 되고, 글은 '글'이라 하면 됩니다. 이를 굳이 '한역'이나 '문자'라는 한자말을 쓰려고 하면서 보기글처럼 묶음표를 칩니다. 이 자리에서는 '한자말로 옮긴 글'이나 '중국글(중국말)로 옮긴 글'로 바꿔 쓰면 좋습니다.

- 순수 국어를 **한역(漢譯)**해 놓은 **문자(文字)**다. 이 경우에 '문자'는 '글자'가 아니라 유식한 체하느라고 쓰는 한자 숙어를 뜻한다
→ 한국말을 **한문으로 옮긴** 글이다. 이때에 '글'은 똑똑한 체하느라고 쓰는 한자말을 뜻한다
→ 우리말을 **한자말로 옮긴** 글이다. 이때에 '글'은 잘 아는 체하느라고 쓰는 한자말을 뜻한다
→ 텃말을 **중국글로 옮긴** 글이다. 이때에 '글'은 잘난 체하느라고 쓰는 한자말을 뜻한다

한자(漢字)

따로 '漢字'로 적지 않고 '한자'라고만 하면 됩니다. 보기글에서는 '중국 글씨'라 해도 됩니다. 우리는 영어를 '영어(英語)'나 '영어(english)'처럼 적지 않습니다.

● 강화도 여차리 갯벌에서 풍선 하나를 발견했다. 표면에 **한자(漢字)**인 것 같긴 한데 생김새가 달라 잘 읽을 수 없는 한자들이 적혀 있는 걸로 보아 중국 쪽에서 넘어온 것 같다

→ 강화도 여차리 갯벌에서 풍선 하나를 보았다. 겉에 **한자**인 듯한데 생김새가 달라 잘 읽을 수 없는 글씨가 적힌 모습으로 보아 중국 쪽에서 넘어온 듯하다

→ 강화도 여차리 갯벌에서 풍선 하나를 보았다. 겉에 **중국 글씨**인 듯한데 생김새가 달라 잘 읽을 수 없는 글이 적힌 모습으로 보아 중국 쪽에서 넘어온 듯하다

한탄(恨歎)

- **한탄(恨歎/恨嘆):** 원통하거나 뉘우치는 일이 있을 때 한숨을 쉬며 탄식함. 또는 그 한숨
- **탄식(歎息/嘆息):** 한탄하여 한숨을 쉼. 또는 그 한숨

사전을 보면 '한탄'을 "한숨을 쉬며 탄식함"으로 풀이하고, '탄식'을 "한탄하여 한숨을 쉼"으로 풀이합니다. 돌림풀이요 겹말풀이입니다. '한탄·탄식' 모두 "한숨을 쉬며 한숨을 쉼"이란 뜻풀이가 됩니다. 두 한자말은 모두 '한숨'으로 고쳐써야지 싶습니다. 보기글에서는 '한숨'이라고만 고쳐도 되고, '한숨짓기'나 '한숨쉬기'로 고쳐 볼 수 있습니다.

- **한탄(恨歎)**은 한탄을 낳는 법
- → **한숨**은 한숨을 낳는 법
- → **한숨짓기**는 한숨을 낳기 마련

한파(寒波)

- **한파(寒波)**: [지리] 겨울철에 기온이 갑자기 내려가는 현상. 한랭 기단이 위도가 낮은 지방으로 이동하면서 생긴다
- **추위**: 추운 정도

여름에는 더위가 있고 겨울에는 추위가 있습니다. '더위·추위'는 '더운 만큼·추운 만큼'을 뜻하기도 하지만, 기온이 갑자기 올라가거나 내려가는 날씨를 가리키기도 합니다. 그러나 이런 뜻풀이는 한자말 '한파'에만 붙습니다. 보기글은 "겨울 한파(寒波)"로 나오는데 '겨울 추위'로 손보면 되고, '겨울 칼바람'이나 '겨울 된바람', '겨울 강추위', '겨울 된추위'로 쓸 수 있습니다. '칼추위' 같은 새 낱말을 지어서 써도 어울립니다.

- 그 위에 겨울 **한파(寒波)**가 더해지고 있다
- → 여기에 겨울 **추위**가 더해진다
- → 여기에 겨울 **된추위**가 더해진다
- → 여기에 겨울 **칼바람**이 더해진다

항심(恒心)

• **항심(恒心):** 늘 지니고 있는 떳떳한 마음

'항(恒)'이라는 한자는 '항상'을 가리킨다고 합니다. '항상(恒常)'이라는 한자말은 "언제나 변함없이"를 가리킨다고 합니다. 사전을 더 살피면 '언제나'는 "모든 시간 범위에 걸쳐서. 또는 때에 따라 달라짐이 없이 항상"으로 풀이하고, '변함없이(變−)'는 "달라지지 않고 항상 같이"로 풀이합니다. 돌림풀이인 데다가 '항상' 뜻풀이는 아예 겹말풀이입니다. 이런 말 짜임을 돌아본다면 '항심(恒心)'처럼 쓰기보다는 '늘마음' 같은 낱말을 새로 지어서 쓸 만합니다. '한마음'이나 '한결마음' 같은 낱말도 지어서 쓸 만하고요.

● 어려운 **항심(恒心)**을 기독교가 이웃에 대한 사랑을 통해서 지탱해 줄 수 있다고 생각하는

→ 어려운 **한마음**을 기독교가 이웃사랑으로 버텨 줄 수 있다고 생각하는

→ 어려운 **한결같은 마음**을 기독교가 이웃사랑으로 버텨 줄 수 있다고 생각하는

→ 어려운 **곧은 마음**을 기독교가 이웃사랑으로 버텨 줄 수 있다고 생각하는

해무(海霧)

- **해무(海霧):** 바다 위에 끼는 안개

남녘 사전에는 '해무'만 오르지만, 북녘 사전에는 '바다안개'가 오르고 '해무 → 바다안개'로 다룹니다. 이처럼 두 낱말을 다루는 북녘 사전이 우리말 사전답습니다. 안개를 '안개'라 하지 않고, 굳이 한자 '霧'로 나타내면 쉽게 알 수 없습니다. 남녘 사전에는 '새벽안개 · 실안개 · 물안개 · 골안개 · 밤안개'처럼 여러 안개를 올림말로 싣습니다. 이처럼 안개가 바다에 끼면 '바다안개', 봄에 끼면 '봄안개', 겨울에 끼면 '겨울안개'라 하면 됩니다.

- **해무(海霧)**를 다룬 사진전은 끝났지만, 나는 카메라와 렌즈들을 챙겨
→ **바다안개**를 다룬 사진잔치는 끝났지만, 나는 사진기와 렌즈를 챙겨

형광(螢光)

- **형광(螢光):** 1. = 반딧불 2. [물리] 어떤 종류의 물체가 엑스선이나 전자 빔 따위를 받았을 때에 내는 고유한 빛

반딧불을 이야기하면서 한자말 '형광(螢光)'처럼 적으면 오히려 더 알아보기 어렵습니다. 반딧불은 '반딧불'로 적어야 알맞습니다. 반딧불이가 내는 빛을 따로 가리키고 싶다면 '반딧빛'이나 '반딧불빛'이라 하면 됩니다. '개똥벌레'나 '개똥벌레빛'이라 해도 됩니다.

- 그리하여 순정한 **형광(螢光)**, 빛으로만 말하고 빛으로만 사랑해서
- → 그리하여 맑은 **반딧불**, 빛으로만 말하고 빛으로만 사랑해서
- → 그리하여 티없는 **반딧빛**, 빛으로만 말하고 빛으로만 사랑해서
- → 그리하여 정갈한 **반딧불빛**, 빛으로만 말하고 빛으로만 사랑해서

호(弧)

- **호(弧):** [수학] 원둘레 또는 기타 곡선 위의 두 점에 의하여 한정된 부분

동그라미나 동그란 금에서 어느 한 쪽을 가리킬 적에 '弧'라는 한자를 쓰는데 이때에는 '활'이라는 낱말로 나타낼 수 있습니다. 보기글에서는 지구 땅거죽이 어떻게 생겼는가를 밝히니, 이 자리에서는 '둥그스름하다'나 '둥그렇다'로 써 볼 만합니다.

- 이것은 지표면이 **호(弧)**를 그리고 있기 때문이다
- → 이는 땅거죽이 **활**을 그리기 때문이다
- → 이는 땅겉이 **둥그스름**하기 때문이다

화상(火傷)

- **화상(火傷):** 높은 온도의 기체, 액체, 고체, 화염 따위에 데었을 때에 일어나는 피부의 손상
- **데다:** 1. 불이나 뜨거운 기운으로 말미암아 살이 상하다 2. 몹시 놀라거나 심한 괴로움을 겪어 진저리가 나다

불에 데어 다칠 적에 으레 '화상'이라는 한자말을 씁니다. 이 한자말을 모를까 싶어 한자까지 덧붙인다면 그냥 '불에 데다'나 '데다'라고 하면 됩니다. 보기글 "정서적 화상을 입을"도 '마음이 델'이나 '마음이 불에 델', '마음이 다칠', '마음이 다쳐서 타 버릴' 즈음으로 손질하면 한결 알아보기에 좋으리라 생각합니다.

- 뜨거운 언어에는 감정이 잔뜩 실리기 마련입니다. 말하는 사람은 시원할지 몰라도 듣는 사람은 정서적 **화상(火傷)**을 입을 수 있습니다
- → 뜨거운 말에는 감정이 잔뜩 실리기 마련입니다. 말하는 사람은 시원할지 몰라도 듣는 사람은 **마음이 델** 수 있습니다
- → 뜨거운 말에는 감정이 잔뜩 실리기 마련입니다. 말하는 사람은 시원할지 몰라도 듣는 사람은 **마음이 다칠** 수 있습니다

화신(花信)

- **화신(花信)**: 꽃이 핌을 알리는 소식

꽃이 피는 소식이니 '꽃소식'입니다. 꽃소식은 따뜻한 곳에서 추운 곳으로 차츰차츰 퍼집니다. 보기글에서는 '꽃내음'이나 '꽃편지'나 '꽃글월'이라 해도 잘 어울립니다. '꽃잔치'라든지 '꽃누리'라든지 '꽃노래'라든지 '꽃마당' 같은 말을 알맞게 써 볼 만합니다.

- 남녘 **화신(花信)**이 하루 25킬로미터 속도로 북상하고 있다는 텔레비전 뉴스를 접할 때마다

→ 남녘 **꽃글월**이 하루 25킬로미터 빠르기로 올라온다는 텔레비전 소식을 들을 때마다

→ 남녘 **꽃내음**이 하루 25킬로미터 빠르기로 올라온다는 텔레비전 얘기를 들을 때마다

→ 남녘 **꽃잔치**가 하루 25킬로미터 빠르기로 올라온다는 텔레비전 얘기를 들을 때마다

→ 남녘 **꽃노래**가 하루 25킬로미터 빠르기로 올라온다는 텔레비전 얘기를 들을 때마다

화양연화(花樣年華)

- **화양연화:** ×
- **연화(年華):** = 세월(歲月)

'화양연화'라는 이름을 붙인 중국 영화가 나온 뒤로 이 말마
디가 제법 퍼졌습니다. 사전에는 '화양연화'가 나오지 않습
니다. 보기글에 나오듯이 이 중국말은 삶에서 가장 아름다
운 나날을 나타내는데, 중국사람이 중국말로 '花樣 + 年華'
를 쓴다면, 한국사람은 한국말로 '꽃 + 날'을 써 볼 만합니
다. 또는 '꽃길', '꽃빛', '꽃다운 날', '꽃 같은 날'이라 할 수 있
습니다.

- "**화양연화(花樣年華).**" 인생에서 가장 아름답고 행복한 순간을 표현
  하는 말
- → "**꽃길.**" 삶에서 가장 아름답고 즐거운 나날을 나타내는 말
- → "**꽃날.**" 살면서 가장 아름답고 기쁜 때를 나타내는 말
- → "**꽃빛.**" 사는 동안 가장 아름답고 기쁜 날을 나타내는 말

화제(話題)

- **화제(話題):** 1. 이야기의 제목 ≒ 토픽 2. = 이야깃거리

보기글 첫머리에서는 "신선한 이야기"라 적습니다. 이러고는 '화제'라 적다가 한자를 붙입니다. 처음에 꺼냈듯이 '이야기'라 하면 됩니다. '이야깃거리'나 '이야깃감'이라 할 수 있고, '이야기꽃'이나 '이야기씨앗'이라고도 할 만하며, '이야기잔치'나 '이야기밭', '이야기마당'이라 적어도 잘 어울립니다.

● 신선한 이야기들은 그러한 고급 모임에서가 아니라 생각하지도 못했던 곳에서 들을 때가 … 독일의 한가한 오후 버스 안에서 보석 같은 **화제(話題)**들을 캐내게 된다

→ 새로운 이야기는 그러한 대단한 모임에서가 아니라 생각하지도 못했던 곳에서 들을 때가… 독일에서 한갓진 낮나절 버스에서 보석 같은 **이야깃거리**를 캐낸다

→ 새로운 이야기는 그러한 거룩한 모임에서가 아니라 생각하지도 못했던 곳에서 들을 때가… 독일에서 느긋한 낮 버스에서 보석 같은 **이야깃감**을 캐낸다

환유적(換喩的)

- **환유적**: ×
- **환유(換喩)**: [문학] = 환유법
- **환유법(換喩法)**: [문학] 어떤 사물을, 그것의 속성과 밀접한 관계가 있는 다른 낱말을 빌려서 표현하는 수사법. 숙녀를 '하이힐'로, 우리 민족을 '흰옷'으로 표현하는 것 따위이나

보기글에서 "환유적 담화"는 '빗대는 말'로 손보거나 '빗댐말·빗댐법'이나 '돌려서 말하기'나 '에둘러 말하기'나 '돌림말·돌림법'이나 '에두름말·에두름법'으로도 쓸 수 있습니다.

- ● 이런 '**환유적(換喩的)** 담화'는 전체를 구성하는 한 부분을 언급함으로써 다른 부분을 저절로 생각나게 만든다
- → 이런 '**빗대는 말**'은 모두를 이루는 한 곳을 다루면서 다른 곳을 저절로 생각나게 한다
- → 이런 '**빗댐말**'은 모두를 이루는 한 곳을 다루면서 다른 곳을 저절로 생각나게 한다
- → 이런 '**에두름말**'은 모두를 이루는 한 곳을 다루면서 다른 곳을 저절로 생각나게 한다
- → 이런 '**돌림말**'은 모두를 이루는 한 곳을 다루면서 다른 곳을 저절로 생각나게 한다

흑백(黑白)

- **흑(黑)**: 1. = 검은색 2. = 흑지
- **백(白)**: 1. = 흰색 2. = 백지(白子)
- **흑백(黑白)**: 1. 검은색과 흰색을 아울러 이르는 말 2. 색조가 검은색의 짙고 옅음으로 이루어진 것 3. 옳고 그름 4. 흑인과 백인을 아울러 이르는 말 5. [운동] 바둑에서, 바둑의 흑지와 백지 또는 상수(上手)와 하수(下手)를 아울러 이르는 말

바둑이나 오목에서는 '내가 하양(흰 알)'이나 '네가 검정(검은 알)'처럼 말할 만합니다. 보기글에 나오는 '흑·백'은 '옳다·그르다'로 쓰면 됩니다.

- 우리 세대는 국가권력에 의해 순식간에 세상이 뒤집혀, 어제까지는 '**흑(黑)**'이었던 것이 오늘은 간단히 '**백(白)**'으로 바뀌는 현실을 목도했습니다
- → 우리 또래는 나라힘에 내리눌려 갑자기 온누리가 뒤집혀, 어제까지는 **그르다**고 하다가 오늘은 가볍게 **옳다**고 하는 모습을 보았습니다
- → 우리는 국가권력 때문에 난데없이 삶이 뒤집혀, 어제까지는 **검정**으로 다루다가 오늘은 갑작스레 **하양**으로 다루는 모습을 보았습니다
- → 우리 때에는 나라힘에 눌려 하루아침에 세상이 뒤집혀, 어제까지는 **검던** 것이 오늘은 손쉽게 **하얀** 것으로 바뀌는 모습을 지켜봤습니다
- → 우리 또래는 나라힘에 내리눌려 갑자기 온누리가 뒤집혀, 어제까지는 **검다**고 하다가 오늘은 가볍게 **하양다**고 하는 모습을 보았습니다

맺음말

이 책을 읽는 분들은 제가 우리말을 '이렇게 해야 바로 쓴다'고 말하려 하지 않는 줄 잘 아시리라 생각합니다. 저는 우리말을 살려서 쓰는 길이 널리 있고, 더욱 쉽고 재미있는 말이 많다는 이야기를 들려주고 싶습니다. 생각을 뻗을수록 한결 많은 낱말을 찾아낼 수 있고, 멋지며 사랑스러운 말을 지어서 쓸 수 있습니다.

한자말을 쓴다고 해서 옳거나 그른 일이 아니지만 겉치레로 붙이는 묶음표 한자말은 털어내면 좋겠습니다. 이렇게 하면 새롭게 살릴 수 있는 말마디가 하나둘 깨어납니다. 숨죽이던 낱말을 만나고, 새로운 말을 슬기롭게 짓는 즐거움을 함께 나누고 싶습니다.

어떤 분은 한자말을 우리말로 풀어내면 글이 길어진다고 말씀하시지만, 이 책을 읽은 분들은 바로 아시리라 생각합니다. 한자말을 우리말로 풀어내면 글이 짧아질 뿐 아니라 한결 쉽고 매끄러워집니다. 그러니 군더더기 한자말을 떼어내자는 이야기를 이렇게 풀어냈습니다. 고맙습니다.

보기글을 뽑은 책

- 가토 카즈오·카와타 이코이·토조 후미노리, 최석두 옮김, 《일본의 식민지 도서관》, 한울, 2009
- 강우방, 《미술과 역사 사이에서》, 열화당, 1999
- 강운구, 《강운구 사진론》, 열화당, 2010
- 강제윤, 《여행의 목적지는 여행이다》, 호미, 2013
- 강제윤, 《걷고 싶은 우리 섬, 통영의 섬들》, 호미, 2013
- 강지혜, 《내가 훔친 기적》, 민음사, 2017
- 고성국·남경태, 《덤벼라, 인생》, 철수와영희, 2012
- 고영서, 《우는 화살》, 문학의전당, 2014
- 곽선미와 다섯 사람, 《10대와 통하는 농사 이야기》, 철수와영희, 2017
- 광우, 《공덕을 꽃 피우다》, 스토리닷, 2017
- 구와바라 시세이, 김승곤 옮김, 《촬영금지》, 눈빛, 1990
- 국립국악원, 《한국의 악기 1》, 돌베개, 2014
- 권산, 《아버지의 집》, 반비, 2012
- 권오길, 《권오길 교수가 들려주는 생물의 섹스 이야기》, 살림, 2006
- 기타다 히로미쓰, 문희언 옮김, 《앞으로의 책방》, 여름의숲, 2017
- 김동섭, 《영국에 영어는 없었다》, 책미래, 2016
- 김명수, 《침엽수 지대》, 창작과비평사, 1991

- 김명인, 《부끄러움의 깊이》, 빨간소금, 2017
- 김민희, 《젤리장수 다로 1》, 마녀의책장, 2010
- 김병익, 《글 뒤에 숨은 글》, 문학동네, 2004
- 김성렬, 《본전 생각》, 문학의전당, 2015
- 김성재, 《출판 현장의 이모저모》, 일지사, 1999
- 김수상, 《편향의 곧은 나무》, 한티재, 2017
- 김영건, 《당신에게 말을 건다, 속초 동아서점 이야기》, 알마, 2017
- 김영희, 《엄마를 졸업하다》, 샘터, 2012
- 김윤환, 《이름의 풍장》, 애지, 2015
- 김이경, 《책 먹는 법》, 유유, 2015
- 김정원, 《국수는 내가 살게》, 삶창, 2016
- 김제동, 《라일락 향기》, 한국교육공사, 1978
- 김탁환, 《아름다운 그이는 사람이어라》, 돌베개, 2017
- 김현승, 《고독과 시》, 지식산업사, 1977
- 나카마사 마사키, 김경원 옮김, 《왜 지금 한나 아렌트를 읽어야 하는가?》, 갈라파고스, 2015
- 나희덕, 《한 걸음씩 걸어서 거기 도착하려네》, 달, 2017
- 노인향, 《섬마을 산책》, 자연과생태, 2017
- 노인향, 《자연생태 개념수첩》, 자연과생태, 2015
- 노향림, 《바다가 처음 번역된 문장》, 실천문학사, 2012
- 니시야마 마사코, 김연한 옮김, 《일본 1인 출판사가 일하는 방식》, 유유, 2017
- 니콜 슈타우딩거, 장혜경 옮김, 《나는 이제 참지 않고 살기로 했다》, 갈매나무, 2016
- 다구치 미키토, 홍성민 옮김, 《동네서점》, 펄북스, 2016
- 다니구치 지로, 장지연 옮김, 《지구빙해사기 하》, 미우, 2016
- 달렌 스틸, 김형근 옮김, 《시대를 뛰어넘은 여성과학자들》, 양문, 2008

- 데즈카 오사무, 하연수 옮김, 《아톰의 슬픔》, 문학동네, 2009
- 디팩 초프라, 이현주 옮김, 《우주 리듬을 타라》, 샨티, 2013
- 랠프 랩, 표문태 옮김, 《핵전쟁》, 현암사, 1970
- 로버트 카파, 민영식 옮김, 《카파의 손은 떨리고 있었다》, 해뜸, 1987
- 류대영, 《파이어스톤 도서관에서 길을 잃다》, 생각비행, 2016
- 류인서, 《그는 늘 왼쪽에 앉는다》, 창비, 2005
- 류중랑, 김택규 옮김, 《단단한 과학공부》, 유유, 2015
- 리영희, 《스핑크스의 코》, 까치, 1998
- 리영희, 《역정》, 창작과비평사, 1988
- 리처드 도킨스, 김명남 옮김, 《리처드 도킨스 자서전 1》, 김영사, 2016
- 모리 카오루, 김완 옮김, 《신부 이야기 9》, 대원씨아이, 2017
- 문신, 《곁을 주는 일》, 모악, 2016
- 민충환 엮음, 《한흑구 문학선집》, 아시아, 2009
- 박경용 엮음, 《이두이, 1925년 12월 25일 생》, 눈빛, 2005
- 박금선, 《내가 제일 잘한 일》, 샨티, 2015
- 박남준, 《박남준 시선집》, 펄북스, 2017
- 박서원, 《아무도 없어요》, 최측의농간, 2017
- 박영근, 《솔아 푸른 솔아》, 강, 2009
- 박완서, 《혼자 부르는 합창》, 진문출판사, 1977
- 박제가, 이익성 옮김, 《북학의》, 을유문화사, 1971
- 박형권, 《전당포는 항구다》, 창비, 2013
- 배재형, 《소통의 계보》, 문학의전당, 2012
- 백성현, 《당신에게 말을 걸다》, 북하우스, 2008
- 법정, 《영혼의 모음》, 동서문화사, 1973
- 베른트 하인리히, 정은석 옮김, 《홀로 숲으로 가다》, 더숲, 2016
- 빈센트 반 고흐, 박홍규 옮김, 《세상에서 가장 아름다운 편지》, 아트북스, 2009

- 사토 타카노리, 김주영 옮김, 《반려견 응급처치 매뉴얼》, 단츄별, 2017
- 성내운, 《인간 회복의 교육》, 살림터, 2015
- 세바스치앙 살가두, 이세진 옮김, 《세바스치앙 살가두, 나의 땅에서 온 지구로》, 솔빛길, 2014
- 소피 마제, 배유선 옮김, 《너희 정말, 아무 말이나 다 믿는구나!》, 뿌리와이파리, 2016
- 수전 데니어, 강수정 옮김, 《베아트릭스 포터의 집》, 갈라파고스, 2010
- 스즈키 주시치, 김욱 옮김, 《엘리노어 마르크스》, 프로메테우스 출판사, 2006
- 승효상, 《보이지 않는 건축, 움직이는 도시》, 돌베개, 2016
- 시골여자, 《당신도 쿠바로 떠났으면 좋겠어요》, 스토리닷, 2016
- 시바 료타로, 박이엽 옮김, 《탐라 기행》, 학고재, 1998
- 신경림, 《삶의 진실과 시적 진실》, 전예원, 1983
- 신동엽, 《젊은 시인의 사랑》, 실천문학사, 1988
- 신영복, 《냇물아 흘러흘러 어디로 가니》, 돌베개, 2017
- 신지식, 《떠날 때》, 평민사, 1977
- 신한균·박영봉, 《로산진 평전》, 아우라, 2015
- 심상정, 《실패로부터 배운다는 것》, 웅진지식하우스, 2013
- 싱고, 《詩누이》, 창비, 2017
- 아니타 무르자니, 추미란 옮김, 《나로 살아가는 기쁨》, 샨티, 2017
- 아다치 미츠루, 금정 옮김, 《KATSU! 1》, 대원씨아이, 2002
- 아라이 요시미·가가미야마 에츠코, 최성현 옮김, 《가와구치 요시카즈의 자연농 교실》, 정신세계사, 2017
- 아라키 노부요시, 이윤경 옮김, 《천재 아라키의 애정사진》, 포토넷, 2013
- 안도현, 《간절하게 참 철없이》, 창비, 2008
- 안민영, 《서울 골목의 숨은 유적 찾기》, 책과함께어린이, 2017
- 안수연, 《케이타이 도쿄》, 대숲바람, 2007

- 안철환,《호미 한 자루 농법》, 들녘, 2016

- 알베르 카뮈, 김화영 옮김,《시사평론》, 책세상, 2009

- 오규원,《무릉의 저녁》, 눈빛, 2017

- 요네하라 마리, 조영렬 옮김,《문화편력기》, 마음산책, 2009

- 우밍이, 허유영 옮김,《나비 탐미기》, 시루, 2016

- 월레 소잉카, 왕은철 옮김,《오브 아프리카》, 삼천리, 2017

- 유소림,《퇴곡리 반딧불이》, 녹색평론사, 2008

- 유시 노무라, 이미림 옮김,《사막의 지혜》, 분도출판사, 1985

- 윤성근,《이상한 나라의 헌책방》, 이매진, 2009

- 윤성택,《감(感)에 관한 사담들》, 문학동네, 2013

- 윤종환,《별빛학개론》, 리토피아, 2017

- 은유,《싸울 때마다 투명해진다》, 서해문집, 2016

- 이기주,《언어의 온도》, 말글터, 2016

- 이덕규,《밥그릇 경전》, 실천문학사, 2009

- 이문재,《이문재 산문집》, 호미, 2006

- 이병률,《찬란》, 문학과지성사, 2010

- 이상금,《그림책을 보고 크는 아이들》, 사계절, 1998

- 이성의,《저물지 않는 탑》, 문학의전당, 2015

- 이수열,《이수열 선생님의 우리말 바로 쓰기》, 현암사, 2014

- 이오덕,《글쓰기, 이 좋은 공부》, 양철북, 2017

- 이와아키 히토시, 오경화 옮김,《히스토리에 7》, 서울문화사, 2012

- 이와아키 히토시, 오경화 옮김,《히스토리에 10》, 서울문화사, 2017

- 이이체,《인간이 버린 사랑》, 문학과지성사, 2016

- 이주희,《야생 동물은 왜 사라졌을까?》, 철수와영희, 2017

- 이케자와 나쓰키, 노재영 옮김,《문명의 산책자》, 산책자, 2009

- 이태수,《숲속 그늘 자리》, 고인돌, 2008

- 이현주, 《사랑 아닌 것이 없다》, 샨티, 2012
- 이희진, 《식민사학과 한국고대사》, 소나무, 2008
- 장샤오위안, 이정민 옮김, 《고양이의 서재》, 유유, 2015
- 장석신, 《동궐의 우리 새》, 눌와, 2009
- 장석주, 《단순한 것이 아름답다》, 문학세계사, 2016
- 장세이·장수영, 《엄마는 숲해설가》, 목수책방, 2016
- 장주식, 《하호 아이들은 왜 학교가 좋을까?》, 철수와영희, 2008
- 전규태, 《단테처럼 여행하기》, 열림원, 2015
- 전상인, 《아파트에 미치다》, 이숲, 2009
- 전수일, 《페놀소동》, 작가마을, 2008
- 전영관, 《부르면 제일 먼저 돌아보는》, 실천문학사, 2016
- 전태일기념사업회 엮음, 《전태일 통신》, 후마니타스, 2006
- 전희식, 《옛 농사 이야기》, 들녘, 2017
- 정경조·정수현, 《살맛 나는 한국인의 문화》, 삼인, 2016
- 정광, 《한글의 발명》, 김영사, 2015
- 정동헌, 《이주노동자, 또 하나의 아리랑》, 눈빛, 2006
- 제임스 P. 호건, 이동진 옮김, 《별의 계승자》, 아작, 2016
- 제페토, 《그 쇳물 쓰지 마라》, 수오서재, 2016
- 조너선 밸컴, 양병찬 옮김, 《물고기는 알고 있다》, 에이도스, 2017
- 조문환, 《네 모습 속에서 나를 본다》, 북성재, 2014
- 조인선, 《시》, 삼인, 2016
- 조태일, 《국토》, 창작과비평사, 1975
- 존 버거, 최민 옮김, 《다른 방식으로 보기》, 열화당, 2012
- 주원섭, 《오늘도 숲에 있습니다》, 자연과생태, 2015
- 줄리아 버터플라이 힐, 강미경 옮김, 《나무 위의 여자》, 가야넷, 2003
- 지율, 《지율 스님의 산막일지》, 사계절, 2017

- 찌까즈 께이시, 김성원 옮김, 《참 교육의 돛을 달고》, 가서원, 1990
- 천양희, 《새벽에 생각하다》, 문학과지성사, 2017
- 최성각, 《달려라 냇물아》, 녹색평론사, 2007
- 최정례, 《레바논 감정》, 문학과지성사, 2006
- 츠지모토 마사시, 이기원 옮김, 《일본인은 어떻게 공부했을까?》, 知와사랑, 2009
- 코르네이 추콥스키, 홍한별 옮김, 《두 살에서 다섯 살까지》, 양철북, 2006
- 테리 이글턴, 이미애 옮김, 《문학을 읽는다는 것은》, 책읽는수요일, 2016
- 테사 모리스 스즈키, 한철호 옮김, 《북한행 엑서더스》, 책과함께, 2008
- 톰 새디악, 추미란 옮김, 《두려움과의 대화》, 샨티, 2014
- 파블로 네루다, 고혜선 옮김, 《모두의 노래》, 문학과지성사, 2016
- 파울로 프레이리와 세 사람, 채광석과 세 사람 옮김, 《민중교육론, 제3세계의 시각》, 한길사, 1979
- 폴 오스터, 심혜경 옮김, 《글쓰기를 말하다》, 인간사랑, 2014
- 페르디낭 드 소쉬르, 김성도 옮김, 《소쉬르의 마지막 강의》, 민음사, 2017
- 페리테일, 《잘한 것도 없는데 또, 봄을 받았다》, 예담, 2017
- 편집부 엮음, 《자전거가 있는 풍경》, 아침이슬, 2007
- 편해문, 《아이들은 놀이가 밥이다》, 소나무, 2012
- 표성배, 《미안하다》, 갈무리, 2017
- 표정훈, 《탐서주의자의 책》, 마음산책, 2004
- 한양명, 《허공의 깊이》, 애지, 2012
- 허만하, 《낙타는 십리 밖 물 냄새를 맡는다》, 최측의농간, 2016
- 허수경, 《청동의 시간 감자의 시간》, 문학과지성사, 2005
- 허연, 《나쁜 소년이 서 있다》, 민음사, 2008
- 현기영, 《젊은 대지를 위하여》, 청사, 1989
- 현병오, 《우리 아이들은 안녕하십니까》, 양철북, 2013
- 호리에 구니오, 고노 다이스케 옮김, 《원전집시》, 무명인, 2017

- 호원숙, 《큰 나무 사이로 걸어가니 내 키가 커졌다》, 샘터, 2006

- 홍선욱·심원준, 《바다로 간 플라스틱》, 지성사, 2008

- 황경택, 《꽃을 기다리다》, 가지, 2017

- 황광우, 《촛불철학》, 풀빛, 2017

- 황대권, 《야생초 편지》, 도솔, 2002

- 황동규, 《연옥의 봄》, 문학과지성사, 2016

- 황명걸, 《저희를 사랑하기에 내가》, 창비, 2016

- 황윤과 열 사람, 《숨통이 트인다》, 포도밭, 2015

- 황지우, 《게 눈 속의 연꽃》, 문학과지성사, 1990

- 황풍년, 《전라도, 촌스러움의 미학》, 행성B잎새, 2016

- 히가시무라 아키코, 최윤정 옮김, 《도쿄 후회망상 아가씨 8》, 학산문화사, 2017